52
maneras de decir
«te amo»

52
maneras de decir
«te amo»

**Stephen Arterburn
y Carl Dreizler**

Betania es un sello de Editorial Caribe,
una división de Thomas Nelson, Inc.

© 1993 EDITORIAL BETANIA

P.O. Box 141000
Nashville, TN 37214-1000, EE.UU.

Título en inglés: *52 Simple Ways To Say «I Love You»*
© 1991 by Stephen Arterburn and Carl Dreizler

ISBN 0-89913-175-X

Traducido por: *Jacqueline Veloz*

Impreso en EE. UU.
Printed in U.S.A.

E-mail: caribe@editorialcaribe.com

5ª Impresión

♥ Contenido

Introducción   9

1. Paseo a la luz de la luna   11

2. Un retiro   13

3. ¿Te interesa?   17

4. Mensaje por hora   21

5. La definición del amor   25

6. Amanecer, atardecer   29

7. Enamorado preocupado   31

8. Planifica una búsqueda del tesoro   33

9. Semana del aniversario   37

10. Cantar bajo la lluvia   41

11. A casa de Jaime   43

12. Cuando pides un deseo a una estrella   45

13. Ja, ja, ja   47

14. Bromea solamente   49

15. Hogar, dulce hogar   51

16. ¿Cuál aniversario? 55

17. Copia de cortesía 59

18. Un día de servicio 61

19. Sí, sí 65

20. El poder de las flores 69

21. Horas de mayor audiencia 71

22. Pensamiento: la comida 73

23. De pesca 75

24. Escríbelo 77

25. Un poco de C.A.T. 79

26. Citas con temas 81

27. Un día a la vez 85

28. Escoge un proyecto 87

29. Rema, rema 89

30. Reformación de los hábitos 91

31. Cuando estamos separados 93

32. Había una vez... 97

33. Papeles de adopción 101

34. Verdadera tristeza 103

35. Esta es tu vida 105

36. Rostiza el pavo ... 109

37. El dinero no es obstáculo ... 111

38. Fin del libro ... 113

39. Copiloto ... 115

40. Primeros 40 ... 117

41. Mil palabras ... 119

42. ¡Extra! ¡Extra! ... 123

43. Cine manía ... 127

44. Payasadas ... 129

45. Luces, cámara, acción ... 131

46. Un amigo en necesidad ... 133

47. La ventaja de la publicidad ... 135

48. Adviento seguro ... 139

49. As de la cámara ... 141

50. Tra, la, la, la, la, la, la, la, la ... 143

51. ¡Sólo dilo! ... 145

52. Tu turno ... 147

Conclusión ... 149

♥ Introducción

Através de las páginas de este libro se enumeran 52 maneras sencillas de decir a las personas importantes de tu vida cuánto les amas. Algunas ideas son nuevas. Algunas son tan viejas como la humanidad misma. Nuestra esperanza es que usted tome este libro para decir «te amo» en muchas formas diferentes.

El sólo decir «te amo» no es suficiente, pues amar a alguien no es meramente decir las palabras apropiadas. La mejor forma de decir «te amo» es dedicar cantidades crecientes de tiempo con las personas que amamos. La mayor parte de las cincuenta y dos ideas presentadas aquí le proporcionan formas de decir que ama a alguien y de confirmar ese amor a través del tiempo que pasen juntos.

Las ideas las hemos escrito con el propósito de que la mayoría de ellas puedan ser usadas por cualquiera de las personas que se aman. Esposos y esposas. Madres e hijas. Padres e hijos. Amigos de toda la vida. Utiliza estas ideas con tus abuelos, nietos, familia y amigos.

Sin embargo, si tu meta es crear más chispa en tu romance con alguien, cada una de estas ideas pueden llevarte a ese fin. Este libro te enseñará a disfrutar cualquier relación amorosa. Esperamos que también te ayude a ganar el respeto de tus allegados. Y por el hecho de que que ellos te verán como una persona divertida y amorosa, probablemente te sentirás mucho mejor contigo mismo.

Mira a través de las ideas. Si siempre has encontrado difícil decir «te amo», comienza con una idea que no parezca tan amenazante. Inténtalo. Luego muévete a otra idea. Poco tiempo después, te encontrarás con tus propias buenas ideas de decir «te amo».

Hay cincuenta y dos ideas en este libro, suficientes para una por semana durante un año. No deben nunca acabarse las formas de expresar que amamos a alguien. Puedes usar algunas de estas ideas una y otra vez. Y puedes añadirle tu toque personal a las sugerencias incluidas.

Esperamos que éste libro sea una herramienta útil para construir vínculos más fuertes con las personas importantes de tu vida. Estamos convencidos de que pueden fortalecerse si están juntos, desde el vecino solitario de al lado o el hijo para el cual nunca pareces encontrar tiempo, hasta tu relación con la persona que más amas.

1 ♥ Paseo a la luz de la luna

Cuán maravilloso es andar una milla
En la mañana o al atardecer
Pero a él o a ella le agradará más
Si ese caminar bajo la luna es

La idea: Hablen acerca de una simple idea. ¿Con qué frecuencia han planeado salir a dar un paseo bajo la luz de la luna? Esta idea es especialmente apropiada para aquellos involucrados en una relación donde el romance es un factor importante. Si quieres cortejar a tu amorcito, esta idea es para tí.

Sin embargo, esta idea es buena para cualquiera de las dos personas que se amen. Aún para esas relaciones no románticas, siempre hay algo mágico en dar un paseo bajo la luz de la luna, algo que hace que el corazón esté más tierno y dispuesto a expresar sus sentimientos.

Planea tu paseo: Este evento necesita algo de planeamiento. Sin embargo, también puede hacerse de improviso. Mira esta noche hacia afuera. Si la luna está llena, deja todo, toma de la mano a alguien que amas, y busca un lugar tranquilo y lejos de la multitud.

Si quieres planear tu paseo, averigua cuándo sera la próxima luna llena. Ve un paso más allá, y averigua a qué hora se levantará y se pondrá la luna. Puedes encontrar esta información chequeando en los periódicos locales o llamando a la oficina de meteorología, o en una biblioteca pública.

1 ♥ Paseo a la luz de la luna

Cuán maravilloso es andar una milla
En la mañana o al atardecer
Pero a él o a ella le agradará más
Si ese caminar bajo la luna es

La idea: Hablen acerca de una simple idea. ¿Con qué frecuencia han planeado salir a dar un paseo bajo la luz de la luna? Esta idea es especialmente apropiada para aquellos involucrados en una relación donde el romance es un factor importante. Si quieres cortejar a tu amorcito, esta idea es para tí.

Sin embargo, esta idea es buena para cualquiera de las dos personas que se amen. Aún para esas relaciones no románticas, siempre hay algo mágico en dar un paseo bajo la luz de la luna, algo que hace que el corazón esté más tierno y dispuesto a expresar sus sentimientos.

Planea tu paseo: Este evento necesita algo de planeamiento. Sin embargo, también puede hacerse de improviso. Mira esta noche hacia afuera. Si la luna está llena, deja todo, toma de la mano a alguien que amas, y busca un lugar tranquilo y lejos de la multitud.

Si quieres planear tu paseo, averigua cuándo sera la próxima luna llena. Ve un paso más allá, y averigua a qué hora se levantará y se pondrá la luna. Puedes encontrar esta información chequeando en los periódicos locales o llamando a la oficina de meteorología, o en una biblioteca pública.

2 ♥ Un retiro

Empaca algo que comer y desaparece,
Tu vida no debe ser aburrida,
Un día más deja tus quehaceres,
Igual que tus deberes en la oficina.

La idea: Nuestros fines de semanas y otros días libres vienen a ser tan inquietos y llenos de quehaceres como los días de trabajo o de ir a la escuela. Por esta razón, debemos planear días especiales con amigos y personas que queremos. ¿Por qué no decir «te amo» apartando un día completo para irnos lejos con la persona que amamos para tomar un tiempo de reflexión e introspección?

Este evento no deberá tener lugar como parte del picnic de la compañía o durante un día que estabas planeando en la playa o el parque o alguna otra ocasión. Este día deberá ser planificado sólo para el propósito descrito arriba. Este retiro se recomienda más bien, para dos personas que para grupos o familias completas.

Preparándose para el gran día

1. Escoge un lugar que sea especial para ambos. Aunque sea difícil en muchas partes del mundo encontrar lugares totalmente aislados, trata de hacer ésta tu meta principal. Quizás sepas de un sendero para caminar a pie a través de las montañas, una playa aislada, una cabaña en un lugar apartado o un arroyo en un bosque.

2. Haz la cita con la persona que amas.

3. Revisa los ejemplos de «reflexiones» incluidos en esta sección. Siéntete libre de alterar el ejemplo y producir tu propia copia final. Haz dos copias de tu hoja de reflexiones. Escribe tu nombre en el espacio en blanco en la parte superior de la hoja que le darás a la persona que amas. Escribe el nombre de la otra persona en el espacio en blanco de la hoja de reflexión con la que te quedarás. Ponlas junto a dos o tres lápices dentro de un sobre. No te olvides de llevar el sobre contigo.

Horario sugerido para el día

8:00 am   Prepare su picnic con sus bocadillos y bebidas favoritas. Quizás sea divertido ostentar un poco en esta parte y utilizar la canasta de picnic en vez de fundas de papel común marrón. Pero, como este es un día de descanso y relajación, usa lo que te parezca.

9:00 am   Despídete de todos los que no irán y dirígete a la puerta.

10:00 am   Llegas a tu lugar especial. Den un paseo, hablen, y simplemente disfruten el estar juntos. Pero no se metan en temas para ser discutidos después. Quizás quieran agarrarse de las manos (si es apropiado). Este es el período de arranque, un tiempo para disfrutar de la serenidad del nuevo ambiente. Si a tu acompañante le es difícil dejar el trabajo y las preocupaciones atrás, a continuación te damos dos ideas que quizás puedan ayudar:

  • Toma una roca. Mientras la tengas en tus manos, háblale a la roca diciéndole: «Estoy poniendo todo el estrés de mi trabajo, mis negocios, mis relaciones y todo lo demás, en ti hoy. Este es mi día de esparcimiento. Espero que disfrutes tu día llevando todas estas cargas por mí tal como yo disfrutaré el mío sin ellas». Arroja la piedra lejos de ti, rompiendo de ese modo todas tus preocupaciones —por lo menos ese día.

- Respira profundo. Mueve tu cabeza en lentos y suaves círculos alrededor de tu cuello. Agita tu brazo izquierdo como una forma de representar algo en tu mente que quieres sacar por este día. Haz lo mismo con tu brazo derecho para liberar otra distracción. Si tienes más, agita entonces tus piernas.

12:00 pm Busca un lugar relajador y tomen su almuerzo. Después del almuerzo acuéstense sobre sus espaldas (boca arriba) y miren recto hacia el cielo o a las ramas encima si están bajo un árbol. Hablen de lo que ven. Hablen acerca de sus pensamientos.

1:30 pm Explícale a la persona que amas que cada uno se apartará por las próximas horas. Escojan un lugar fácil de encontrar para reunirse a las 3:30. Dile a tu acompañante que piense en la relación de ambos desde su inicio, mientras se dirigen a lugares privados separados. Antes de partir dale a la otra persona la hoja de reflexión y una pluma. Pídele que complete cada pensamiento con una oración o párrafo antes de volver a reunirse. Tú haz lo mismo.

3:30 pm Reúnanse en el lugar acordado. Compartan lo que han escrito. Míralo a él o mírala a ella mientras lees. Trata de ser tierno o tierna. Quizás quieras alternar leyendo tus respuestas y los *temas de reflexión* o hacer que uno de los dos lea la hoja completa.

5:30 pm Caminen juntos por una media hora reflexionando

silenciosamente en lo recién ocurrido. Traten de no hablar durante esta última parte del día.

6:00 pm   Dale un abrazo a la persona que amas y dile que lo amas o que la amas. Su retiro especial ha terminado.

Reflexiones

Completa cada pensamiento con unas cuantas oraciones que expresen tus sentimientos más profundos acerca de _____

La primera vez que te vi...

La primera vez que pensé que te amaba fue cuando...

Mi recuerdo favorito contigo es...

Lo que más me gusta de ti es...

Lo que siempre he querido decirte pero nunca lo he hecho es...

La promesa que te hago con respecto a nuestro futuro es . . .

3 ♥ ¿Te interesa?

Busca lo que le interese más
Algo que no hayas hecho jamás
La afición en la que alardees más
De seguro te divertirás

La idea: Seguramente tu amado o amada tiene una afición, interés o pasatiempo que siempre has considerado como una pérdida de tiempo o algo que nunca querrías hacer. Bueno, si es sólo por un día o dos, es tiempo de que te montes en esa sucia bicicleta, o busques ese pajarito rojo con el pico amarillo.

En toda relación ambas partes deberán tener actividades que les gusten hacer sin compañía. Es saludable tener intereses individuales y separados. Pero mostrar interés en el pasatiempo de otra persona, si sólo es en forma limitada, es una expresión de amor. Así es que, empieza a planear un día para que ambos (o la familia completa) disfruten de esa afición especial juntos.

Prepárate para el gran día: Lo primero que debes hacer es sentarte y pensar en todas las aficiones e intereses de la persona que amas. Anota cinco de ellas aquí:

_____

_____

_____

_____

_____

Ahora califícalas poniendo un número uno frente a la afición que a él o a ella le impresionaría más viéndote participar, y un cinco frente a la opción que él o ella encontraría menos impactante. Ahora, tú decides en cual actividad vas a participar. ¿Escogerás la que más puedes tolerar, o la que la otra persona no espera, ni en un millón de años, verte realizar?

Anuncia tu interés: Tienes por lo menos dos opciones aquí.

1. Decirle a la persona que amas que reserve un día para algo especial, y hacer que sea una sorpresa cuando le digas esa mañana que lo acompañarás todo un día de pesca submarina.

2. Si quieres que el shock sea menos dramático, puedes decirle a la persona lo que tienes en mente cuando acuerden la fecha inicialmente. Esto sería lo más cortés si quisieras asegurarte de que has escogido su playa preferida para practicar el submarinismo.

Combina tu interés: Puedes escoger hacer de este evento uno de mínima intensidad o acometerte de forma dramática. Aquí sugerimos algunas formas de hacer de este día algo aún más memorable:

- Compra o pide prestado el equipo usual para este tipo de afición, y da la bienvenida a tu amigo o amiga todo emperifollado con la ropa especial. Si van a ir a observar las aves, compra una camiseta roja y negra, pantalones especiales y un libro de inventario. ¡Ah!, asegúrate de llevar enganchados en tu cuello unos binoculares

- Si realmente quieres hacer el día especial, invita a todos sus amigos o amigas a ir, y dí que sólo quieres ser uno del grupo

- Lee sobre la afición o interés de tu pareja, de modo que parezca que sabes de qué estás hablando.

Pero sobre todas las cosas, ¡disfruta!

4 ♥ Mensaje por hora

Hoy, antes de que parta,
En la ducha ponle una nota
Pero no sólo una le impartas
Escribe una por cada hora

La idea: Imagínate recibir no sólo un mensaje de amor de alguien, sino un mensaje por cada hora durante un día completo. Aquí está la idea. Selecciona una mañana y entrégale a quien amas un grupo de sobres. En el frente de cada sobre estarán las horas del día. Habrá un sobre para cada hora desde las 7:00 am hasta las 10:00 pm. Serán dieciséis sobres en total.

Dentro de cada sobre habrán mensajes especiales de amor escritos por ti. La persona que amas abrirá uno cada hora como fué marcado. Esta idea podrá ser una de las más simples y más memorables de las cincuenta y dos de este libro. Inténtala. •

Selecciona el día apropiado: Esta idea es más apropiada para días de trabajo u otro tiempo en que no estarás con la persona que amas. Las notas quizás tengan más sentido cuando no estés cerca. Y al final del día la persona que amas estará más ansiosa de verte que antes.

Camina la milla extra: Para añadir un poco más de diversión, pon algún pequeño regalo en algunos o todos los sobres. Usa fotos de ambos o de otras personas en su vida que ambos amen. Escribe a mano un certificado válido por una cena contigo. Inserta un paquetito de goma de mascar. Incluye un dibujo hecho por uno de tus hijos. Pinta tus labios y besa un pedazo de papel.

Prepara tus mensajes: Puedes implementar esta idea con cualquier presupuesto. Puedes escribir tus notas en papel rayado y usar sobres comerciales. O lucírtela comprando dieciséis tarjetas diferentes. También puedes usar papel personal para hacer que cada nota se vea igual o utilizar una variedad de cosas para hacer de cada paquete lo más diferente del otro como sea posible.

Planifica tus notas sabiamente, quizás guardando los mensajes más sentimentales y más profundos para las horas más cercanas al momento en que se reunirán. A continuación, algunas ideas para varias horas durante el día. Estas son notas de Roberto escritas para su esposa Ana.

7:00 am
(Colocada en la ducha o cerca del lavamanos del baño)

Ana, para cuando termine el día, quiero que tengas un hecho claro en tu mente —ese hecho es que te amo. Después que tomes tu ducha y te alistes para el trabajo, toma el grupo de sobres que puse al lado de tu maletín. Abre cada sobre sólo a la hora marcada en su exterior. Estaré pensando en tí mientras los abres. Que tengas un día divertido.

12:00 m

Ahora tienes que estar almorzando. Me gustaría estar ahí para comer contigo. ¿Recuerdas el día que tuvimos el picnic en Little Falls? Ese fue el día en que supe que realmente te amaba. Todavía te amo. Añadí una pieza de goma de mascar como obsequio para cuando termines de comer. Disfrútala.

5:00 pm

Si estás como yo ahora mismo, probablemente pensaste que este día nunca terminaría. Ven a casa. Tendré la cena lista esperándote. Es tu favorita. Anexé una caricatura que vi en el periódico del domingo. Quizás te haga sonreír mientras vuelves a casa.

10:00 pm

Quizás esta sea la última nota de este día especial, pero ciertamente no será la última vez que te diga cuánto te amo. Ven a verme ahora mismo. Te lo diré en persona. Buenas noches. Eres una mujer muy especial.

5 ♥ La definición del amor

El amor es paciente, es bondadoso
Nadie lo define de igual manera
¿Qué encontrarás si tomas este ejemplo?
Con tu nombre debes la palabra amor
reemplazar

La idea: ¡Qué mejor manera de mostrar tu amor por otra persona, que evaluando tu propia habilidad para mostrar amor! ¡Qué palabra tan difícil de definir es «amor»! Quizás la mejor descripción del amor se encuentra en el Nuevo Testamento, en la primera carta a los corintios.

El amor es sufrido,
Es benigno;
El amor no tiene envidia,
El amor no es jactancioso,
No se envanece;

No es indecoroso,
No busca lo suyo,
No se irrita,
No guarda rencor;
No se goza de la injusticia,
Mas se goza de la verdad.

> *Todo lo sufre,*
> *Todo lo cree,*
> *Todo lo espera,*
> *Todo lo soporta.*
> *El amor nunca deja de ser.*[*]

Evalúate como persona que ama: Una forma genuina de decir «te amo» es tratar de convertirte cada día en una persona más amorosa. Trata de hacer el siguiente ejercicio tan regularmente como puedas, especialmente cuando la vida se hace dura y no sientes que eres tan amoroso o amorosa como puedes realmente ser.

Toma la definición de amor de más arriba, e inserta tu nombre donde quiera que aparezca la palabra amor o su pronombre. Utilicemos a alguien llamado Juan como ejemplo:

> *Juan es sufrido,*
> *Es benigno;*
> *Juan no tiene envidia,*
> *Juan no es jactancioso,*
> *No se envanece;*
>
> *No es indecoroso,*
> *No busca lo suyo,*
> *No se irrita,*
> *No guarda rencor;*
> *No se goza de la injusticia,*
> *Mas se goza de la verdad.*
>
> *Todo lo sufre,*
> *Todo lo cree,*
> *Todo lo espera,*
> *Todo lo soporta.*

[*] (1 Corintios 13.4-8, *Reina-Valera*.)

Juan nunca deja de ser.

¿Es posible pasar todas esas pruebas? Claro que no. Especialmente la última. Todos fallamos de una u otra forma cada día. Pero
la meta es utilizar este modelo para analizar que tan bien amas.
Utilízalo frecuentemente. Luego trabaja en las áreas donde quedes
con baja puntuación.

Cualquier mejoría que hagas en ti mismo le dice a los que amas
cuánto te preocupas por ellos.

6 ♥ Amanecer, atardecer

Cada día te encuentras por todo el pueblo
Los días veloces están pasando
Levántate y vé la tarde caer
Aunque te detengas no lo podrás entender

La idea: Cuando sacamos tiempo de una agenda muy apretada para sentarnos en un lugar preferido y ver el sol terminar su día, a menudo nos preguntamos por qué trabajamos tan duro, por qué otras cosas tienen más importancia que esta simple experiencia. La mayoría de nosotros podría ver caer el sol cada tarde por el resto de nuestras vidas y nunca cansarse.

Si tu lugar favorito para observar un atardecer viene a ser un lugar donde otras personas van a ver el mismo fenómeno, obsérvalos la próxima vez que vayas. Justo antes de la puesta del sol, la gente deja de caminar, deja de hablar y simplemente miran fijamente a la señal de Dios de que otro día ha terminado.

Logra que el ver un atardecer sea un evento común con la persona que amas. Cada día al ver el sol caer, di, «te amo». Nunca sabemos con certeza si estaremos ahí mañana al caer el sol.

Revisa tu día: Cada día que observes el atardecer con las personas que amas, toma unos cuantos momentos para averiguar como fue el día de ellos. Con frecuencia no tomamos tiempo para hacer preguntas tan simples como, «¿Cómo te fue hoy?» Tampoco tomamos tiempo para escuchar las respuestas. A continuación algunas otras sugerencias para conversaciones con personas amadas al final de un día muy ocupado.

- Agradece a cada uno por algo que él o ella haya hecho por ti en este día
- Pregúntales qué puedes hacer para ser de más apoyo
- Dile a alguien especial que estás feliz de poder compartir ese atardecer con él o ella
- Comparte algo por lo que estés agradecido de Dios
- Pregúntales cuál fue su parte preferida del día
- Anímales en cualquier aflicción que puedan estar enfrentando
- Diles cuánto significan para ti
- Dile, «te amo»
- Invítalos otra vez a ver el atardecer contigo, mañana en la tarde.

Una alternativa: Si tú y la persona que amas son madrugadores, o si sus agendas nocturnas no les permiten ver los atardeceres, traten de encontrar un lugar especial para ver el amanecer. En vez de comentar el día y verlo llegar a su fin, reflexionen en las promesas que cada nuevo día provee. Dediquen parte de su tiempo observando el nuevo día que comienza. Comiencen el nuevo día diciendo, «te amo». Pocas cosas pueden arruinar un día que comience con estas dos palabras.

7 ♥ Enamorado preocupado

Todo se resume en esto:
El día fue hecho para amar,
Para el romance y la felicidad
conyugal
Da gracias a Dios por ello

La idea: Probablemente tienes tus propias ideas para el día de «Los enamorados» (o del amor). Pero aquí hay algunas sugerencias para hacer de este día, que fue hecho para el amor, aún más especial.

Hacer del próximo día de «Los enamorados» el mejor de todos:

- *Haz la tarjeta más grande que puedas imaginar, por el día de «Los enamorados».* Busca una caja de cartón de un refrigerador, pinta un corazón y un mensaje en él por este día. Luego colócalo de pie en la sala el día señalado.

- *Pon un mensaje en el frente de tu casa* usando un letrero de compañías de bienes raíces con cartón pegado con cinta adhesiva sobre la información del corredor de

de esta casa está la más maravillosa mujer
del mundo. Su nombre es

- *En lugar de comprar dulces este año,* haz
  los dulces tú mismo o tú misma, luego
  regálalo a la persona que amas. No te
  preocupes que parezca haber sido hecho
  en casa. El esfuerzo que hiciste significará
  más que la apariencia de los dulces

- *Además de enviar rosas* o en lugar de
  enviar rosas, tráelas tú a casa. Si vives
  cerca de un lugar donde crecen flores durante todo el año, vayan juntos a un lugar
  donde puedan caminar y recoger su propio
  ramo de flores

- *Compra tarjetas por el día de «Los enamorados»,* no sólo para la persona más
  importante de tu vida, sino para otras personas, que quizás nunca recibirán un regalo, en este día del amor.

8 ♥ Planifica una búsqueda del tesoro

Todo lo que le digas hará
El deberá encontrar donde el tesoro está
Algo de mucho valor querrá encontrar
Sin saber que esto tu misma serás

La idea: Esta idea es muy divertida. Tú serás un pirata que ha enterrado un tesoro y ha escrito las indicaciones de su paradero en clave. La persona que amas es el afortunado explorador que encuentra las pistas que llevan al tesoro secreto —¡este tesoro secreto eres tú!

Podría ser divertido que dos o tres parejas implementen esta idea juntos. Los esposos pueden ser los piratas, las esposas los exploradores. O quizás quieras que toda tu familia participe, o un grupo de amigos.

Planea tu búsqueda del tesoro: Primero deberás acordar una fecha con la persona que amas, explicando que ella o él deberá salir de la casa, o no llegar hasta la hora específica que tu designes. Díle que debe ser puntual pero que no debe llegar ni un minuto más temprano. Tu amado, o amada, estará pensando que habrás planeado una fiesta sorpresa maravillosa y estará esperando que muchas personas le salgan a su encuentro cuando llegue a la casa. En vez de eso, encontrará una casa vacía y la primera de muchas pistas que lo llevarán al «tesoro escondido».

Para la sorpresa de tu amigo, no encontrará un viejo cofre del tesoro rebosante de joyas, oro y plata. En su lugar, tú estarás sentado o sentada en su restaurante favorito, esperando con un fresco ramo de flores o un par de entradas para una obra de teatro que ambos han estado ansiando ver. ¡Qué romántico!

La cacería del tesoro: Aquí es donde puedes usar tu

imaginación. Cuidadosamente planea una serie de diez a doce pistas, cada una guía a la próxima, y ¡la última guía hacia ti! Necesitarás un plan de escape en caso de que tus pistas sean demasiado difíciles. Tú no deseas quedarte aislado en un romántico restaurante, sentado solo entre flores languidecientes.

Para resolver este dilema, y para ayudarte a comenzar, hemos provisto una sugerencia para tu primera nota, la cual deberá ser colocada donde la otra persona seguramente podrá encontrarla. Asegúrate de que haya forma de que él o ella entre a la casa. Recuerda, la persona amada espera que tú estés ahí.

Pistas para hallar el tesoro secreto

> *¡Felicidades! Acabas de encontrar la primera pista, la cual, si la sigues correctamente, podrá llevarte a un tesoro secreto. ¡Comienza la cacería del tesoro tan pronto leas esta nota, o te perderás de una gran oportunidad!*

Pero antes, unas palabras de advertencia

> Si muy difícil encuentras
> este acertijo adivinar
> Quiero que cerca del teléfono te
> encuentres
> pues te voy a llamar.

Te diré donde el tesoro está
y donde buscar deberás
Primero trata de adivinar
la primera pista abajo está.

Pista No. 1. Busca en el hielo.

Encontrarás aquí la Pista No.2.
(Si no puedes adivinarlo, busca en
la parte de atrás de este papel. Pero
intenta resolver las pistas por ti mismo.)

En la parte posterior de la Pista No.1
escribirás: «La Pista No.2 está en el free-
zer». Esto además sirve para que no te
vayan a dejar plantado. Si crees que la
persona que amas es lo suficientemente
inteligente para resolver tus pistas, no
pierdas tu tiempo con las preguntas
fáciles.
Sigue con el resto de tus pistas hasta que
la última diga cómo llegar al restaurante
donde estás. Podría decir algo así:

Pista No. 2.

Hay un restaurante cerca de aquí
el mismo que a ambos nos gusta ir
la dirección es uno dos cincuenta y tres
donde haya pintada una res.

Otra vez, si consideras que tu pista podría no estar clara, escribe
el nombre del restaurante en la parte de atrás. Una vez allí, la
persona que amas podrá celebrar junto a tí la victoria de haber
encontrado el «tesoro escondido».

Ensayo: Antes de salir de la casa, haz un ensayo para asegurarte de que dejaste las pistas en el orden correcto. ¿Es esta una de las ideas más simples de este libro? ¡No! Pero es tan divertida que tuvimos que incluirla.

9♥ Semana del aniversario

Quien amas cumple un año más
Sus huesos quizás empiecen a flaquear
Este año planea algo más audaz
Celebra la semana del principio al terminar

La idea: Este año en vez de celebrar solamente el cumpleaños de la persona que amas, ¡celebra la semana precedente completa!

Planea una celebración de cumpleaños de una semana completa: A continuación algunas ideas para comenzar

Cuenta los días que faltan para su cumpleaños. Una semana antes del cumpleaños, y en cada día subsiguiente, comienza una cuenta regresiva dándole a la persona que amas una tarjeta, o colocando un gran afiche en algún sitio de la casa (como en el refrigerador, o en el parabrisas del auto) diciendo «¡Sólo faltan siete días para tu cumpleaños!»

Pídele a amigos diferentes o a miembros de la familia, sorprender a la persona cada día de la cuenta regresiva.

Dile a cada persona con la que tengas

contacto que él o ella es responsable de hacer algo especial (junto contigo) para la persona que amas. El séptimo día antes del cumpleaños podría ser un buen día para que los compañeros de trabajo hagan algo parecido a un almuerzo sorpresa. El sexto día compromete a los dos mejores amigos o amigas de la persona que amas, a que la feliciten cuando salga del trabajo al final del día. Y así sucesivamente.

Dale a la persona que amas un regalo cada día. Aún cuando no tengas un gran presupuesto, puedes darle regalos que tengan un significado especial cada día. Quizás quieras que los regalos de cada día se relacionen entre sí, como por ejemplo, diferentes partes de un traje nuevo, o diferentes cassetes de su música preferida.

Haz una fiesta sorpresa. Quizás quieras hacer una fiesta sorpresa en el cuarto o quinto día. Como has estado haciendo todas esas cosas locas, la persona quizás espera una fiesta sorpresa el mismo día del cumpleaños. Esto le cogerá de sorpresa.

Haz el día de cumpleaños mucho más especial de algún modo. Por el hecho de que has preparado todas estas sorpresas durante la semana, no quieres que el día de cumpleaños sea un total abandono. Así es que, termina la semana aniversario con una buena cena para dos o con la familia, haciendo tus regalos finales y quizás presentando un álbum de recortes de los eventos de la semana.

Cuando la persona que amas vaya a la cama en esa noche de cumpleaños, él o ella sabrá por lo menos, dos cosas: ¡tú no te olvidas de los cumpleaños, y tú le amas muchísimo!

10♥ Cantar bajo la lluvia

La próxima vez que tus planes
se vean por la lluvia arruinados
Triste tu día no tornes
disfruta del poco sol, que es un encanto

La idea: ¿Te decepcionas cuando una tormenta de lluvia te daña un día libre? ¡No lo permitas! ¿Recuerdas que cuando niño disfrutabas tanto el salir cuando llovía? Podrías encontrar los más profundos charcos para chapotear. Quizás hayas dejado caer una hoja en algún arroyito lleno de agua corriendo y lo hayas seguido una cuadra hasta que hubiera desaparecido por el desague. Ahora puedes sacar lo mejor de un día lluvioso junto a la persona que amas.

«¡Pero nos vamos a mojar!» dirás. Bueno, pues esa es la idea. Si no te mojas, esta idea quizás no tenga nada de divertido. Ponte tu impermeable, tus zapatos de lluvia y un sombrero.

Formas de divertirte cuando el tiempo se oscurece:

Planea un picnic. No tienes que comer bajo la lluvia, sino, busca una caseta cubierta en un parque cercano. Todo el mundo tiene picnics bajo la luz del sol. Te sorprenderás de lo divertido que es hacer cosas fuera de lo común.

Recreen la escena bajo la lluvia de tu película preferida. Quizás la escena cinematográfica más memorable es la de Gene Kelly caminando y bailando bajo la lluvia por la calle, mientras entonaba, «Cantando bajo la lluvia». O la escena en el gacebo de «La novicia rebelde». Busca un gacebo. Quizás te sientas que tienes «dieciséis para diecisiete» una vez más.

Caminen bajo la lluvia. Esta es la más sencilla idea dentro de esta categoría. Simplemente toma una sombrilla y den un paseo tomados del brazo. Quizás esto sólo los acerque emocionalmente más de lo que han estado últimamente.

Regresen a la infancia. Saca a la persona que amas afuera a la lluvia y busca los charcos más grandes. Compitan a ver quien chapotea más agua sobre el otro. Quien puede bajar más lejos rodando por la colina. Pónganse unas ropas viejas. Abandonen su adultez, y ¡simplemente empápense de agua!

Miren la tormenta. Busquen un lugar especial para ver la tormenta. Si están cerca del mar, siéntense en un restaurante de donde se pueda ver el mar agitado. Si es una tormenta de descargas eléctricas, busquen un lugar con un panorama desde donde puedan apreciar este maravilloso fenómeno. Si están demasiado cansados para algo más, simplemente hagan una fogata y asómense a la ventana juntos.

11 ♥ A casa de Jaime

Junta los amigos de tu amada
Consigue un uniforme de chofer
Donde vayas dependerá
De donde ellos te digan ve

La idea: Regálale a la persona que amas un día o una noche con amigos. Ni siquiera tendrás que tratarlos para nada. Sólo ofréceles ser su chofer por toda la tarde o la noche.

Aquí está el plan. Dile a la persona que amas (esposa, esposo, hija, hijo, o alguien más que también ames) que quieres que él o ella escoja dos o tres amigos (dependiendo del tamaño de tu auto) para pasar una tarde o una noche divertida. La agenda es de ellos, aunque podrías sugerirles que planeen varias paradas para la noche de modo que puedan sacar el máximo provecho de tus servicios. De otro modo, tú te aburrirías, sentado en el automóvil por horas mientras ellos van a una doble tanda de películas o a un concierto de tres horas.

Cosas que podrías necesitar: Las siguientes son sugerencias de lo que podrías necesitar para hacer de este evento todo un éxito. Igual que con otras sugerencias de este libro, puedes escoger ser tan simple o tan extravagante como quieras, dependiendo de cuánto dinero tengas y qué tiempo quieras dedicar al planeamiento del evento.

El auto. Aquí tienes unas cuantas opciones . La solución más simple es usar tu propio auto, tal como está. Quizás quieras

antena y un letrero en la parte de atrás que diga «limo». O
mejor todavía, es usar el Lincoln o el Cadillac de un amigo
por esa noche. Y si quieres resaltar, en algunas ciudades hay
agencias que alquilan automóviles clásicos como limosinas
por una noche.

El disfraz. En el extremo más simple de la escala, usa un traje
oscuro o falda y chaqueta con una camisa blanca y una
corbata de lazo. Si quieres lucírtela, alquila un esmoquin.
Quizás puedas encontrar unos guantes blancos. En todo caso,
deberás conseguir uno de esos quepis negros usados por los
choferes en las películas.

El equipo. Ya sea que utilices tu propio auto, el de un amigo,
o uno alquilado, puedes abastecer el asiento trasero con esos
lujosos bienes que aparecen usualmente dentro de las limosinas (claro, mientras estén dentro de la ley). Comienza con
una hielera que contenga una botella de agua o sidra burbu-
jeante. Sin duda, deberás tener disponibles algunos finos
vasos para fines de servicio. Algo de queso y galletitas serían
un buen toque también. Prepara también una televisión de
baterías, si tienes acceso a una. Pero más que esto, utiliza tu
imaginación para hacer el paseo clásicamente memorable.

Etiqueta. Siempre abre las puertas a tus pasajeros. Ofréceles
tu mano para salir y entrar al auto. Llama a las damas
«Madame» o «Mademoiselle», y a los caballeros «Mon-
sieur». En cada parada, limpia el asiento trasero, reemplazan-
do los vasos usados por otros nuevos. Recoge y luego lleva
a su lugar de residencia a cada pasajero. Cambia tu nombre
a «Jaime».

12 ♥ Cuando pides un deseo a una estrella

Pregúntale a quien quieres más
Tres cosas que su corazón pueda desear
Si una es una villa a todo dar
Olvida esa, pues quedan dos más

La idea: Existe una maravillosa organización llamada «Pide un deseo» que hace muchos sueños realidad de muchos niños con graves enfermedades. Que maravillosa forma de decir, «te amo». Esta idea está basada en el mismo principio. ¿No sería agradable poder ayudar a hacer realidad el sueño más preciado de alguien a quien amas? Haz un intento.

El genio de la lámpara. Simplemente di a quien amas, «Tengo la curiosidad de saber lo que harías si te dijeran que puedes pedir tres deseos». Para ser creativo, busca una vieja lámpara y entrégasela. Incluye una tarjeta con el pensamiento de más arriba. Si él o ella pide deseos que no pueden ser cumplidos, como «Deseo diez millones de dólares» o «Deseo una vida sin enfermedades», pídele que piense en cosas que estén dentro de la razón.

Quizás quieras responderle diciéndole tres deseos especiales que te gustaría pedir y ahí termina el asunto. No querrás que la persona que amas sospeche de tus ulteriores motivos.

Tu deseo es una orden. Sin embargo, tu meta es seleccionar uno de los deseos y hacerlo realidad. Si es posible, trata de que los tres sueños se hagan realidad. Puede ser que te quedes corto debido a tu presupuesto o a otras limitaciones. Trata de hacer lo mejor que puedas.

Por ejemplo, si un deseo tiene que ver con ir a Hawaii algún día, abre una cuenta de ahorros especialmente para el viaje. Si Hawaii está fuera de toda posibilidad, sorprende a la persona que amas con un fin de semana en un lugar que sí puedes pagar. Podrías decir, «No pude hacer que tu sueño de ir a Hawaii se hiciera realidad, pero de todos modos, porque te amo, quise que nos escapáramos por unos cuantos días. Sigue soñando. Algún día tu sueño se hará realidad».

13 ♥ Ja, ja, ja

Si juntos reciben y dan
amor y risas en cantidad
Simplemente vivirán
alegres hasta el final

La idea: La risa es uno de los ingredientes más importantes para una relación duradera. Busca actividades que te hagan reír para hacerlas junto a la persona que amas. Cuando tu horario esté muy apretado o cuando la vida se torne muy tensa, busca algo que los haga desternillarse de risa.

Riéndose: A continuación algunas sugerencias para hacerle cosquillas a tu hueso chistoso.

Alquila tu película cómica favorita. Ve a la tienda de video más cercana y alquila una película que los haga reír a los dos. Debe haber una o dos películas que les hagan reír una y otra vez.

Saca o compra tu libro cómico favorito. Abundan los libros de humoristas y de talentosos caricaturistas. Si buscas lo suficiente, encontrarás uno cuyo sentido del humor sea paralelo al tuyo. Cuando encuentres un libro que te haga reír, guárdalo y compártelo con la persona que amas.

Hojea tus anuarios y fotografías antiguas. El ver la forma como nos veíamos años atrás y el leer lo que alguien escribió en nuestro anuario, puede frecuentemente ser el mejor entretenimiento. Muéstrale a alguien que sólo te conoce desde hace algunos años, una foto de hace diez, veinte, o treinta años. Si no se ríe, probablemente está siendo muy educado.

Ve a ver uno o dos comediantes en un club local de comedias u otro lugar de entretenimiento que quede cerca de ti. Si no hay lugares de ese tipo cerca, muchos comediantes profesionales han filmado videos que puedes alquilar.

¡Simplemente ríe! Algún día que estés sentado con alguien que amas o un grupo de gente que quieras, simplemente comienza a reír. Trata de reír más y más fuerte cada segundo que pase. Si dos o más personas se rien sin razón aparente, la risa puede convertirse en algo contagioso. Pronto podrás encontrarte en una habitación llena de gente que ríe histéricamente sin una razón aparente. Manténlo. Pocas cosas son mejores para ti que una buena risotada.

14♥ Bromea solamente

Busca un tiovivo para montar
O salta la cuerda en su lugar
Puedes en ti al niño encontrar
Pues todo en tu cabeza está

La idea: Sean niños por un día. Disfruta del amor por un cachorrito o esa camaradería especial que caracteriza las amistades de la niñez. ¿Te vas poniendo más idiota y más aburrido cada año que pasa? No tiene que ser de esa forma. Los niños tienen sus formas de ser y de hacer lo que les parezca en el momento. Ellos raras veces piensan, hasta que llegan a la adolescencia, «¿qué dirá la gente si digo o hago esto o aquello?». A nosotros como adultos nos preocupa mucho que alguien nos vea hacer «algo infantil». ¿Por qué es eso tan malo?

Planea tu día: Piensa en las cosas que los chicos pequeños hacen, que los adultos no hacen con frecuencia. Observa tus propios hijos, sobrinos y sobrinas, o nietos. Mira qué juegos hacen durante un día normal. Entonces, planea tu día alrededor de los juegos de la niñez. Quizás quieras invitar algunos niños para ayudarlos a perder sus inhibiciones.

Selecciona las actividades:

- Construir castillos de arena.
- Correr tras el camión del heladero.

- Subirte en un tiovivo.
- Visitar un zoológico.
- Jugar trucando o saltar la cuerda.
- Hacer dibujos con creyones o acuarelas.
- Jugar con masilla o Play-Doh.
- Bajar rodando una colina.
- Visitar un parque de diversiones. Mécete en los columpios, baja por la montaña rusa, móntate al sube y baja.
- Jugar a los escondidos.

Haz tu día aún más divertido: Traten de vestirse como niños. Háganse colitas o trenzas. Dale a cada uno una paleta de dulce o vayan a comprar una barquilla de helado.

¡Puede ser que descubras que un viejo amor puede encontrar la juventud otra vez!

15 ♥ Hogar, dulce hogar

¿Por qué salir a dar vueltas
Si en casa a solas se pueden quedar?
Tú el humor y la música controlas
Y sólo el teléfono debes desconectar

La idea: ¿Cuántas veces has apartado una noche para estar junto a la persona que amas, y ha sido arruinada por una llamada telefónica que cambia tus planes. Esta quizás sea la más simple y menos costosa idea de este libro completo.

Organiza el escenario: Para disfrutar de tu noche en casa, necesitarás hacer algo de planeamiento. Aquí mostramos algunos puntos a considerarse.

1. Si tú y la persona que amas son esposos y tienen hijos, busquen una niñera que lleve a los niños a su casa. En vez de dejar la casa para encontrar paz y tranquilidad, sacas el barullo de ella y encuentras paz y quietud entre tus propias paredes.

2. Acuerden una hora específica para reunirse. Apéguense a esto. No dejen que retrasos empequeñezcan el tiempo que pasarán en la casa juntos.

3. Decidan que tú y la persona que amas harán todos sus encargos y quehaceres ese día antes de la hora de reunión

especificada. Si nada pudo hacerse, ambos estarán de acuerdo en dejarlo pasar por esta noche.

4. Hagan una lista de las provisiones que podrían necesitar. Comida para el almuerzo, si es que van a almorzar juntos. Leña para el fuego. Un nuevo cassette para el equipo de música.

5. Fija la fecha con la persona que amas.

Obten lo mejor de tu noche: A continuación algunas formas adicionales para hacer esta noche especial.

1. DESCONECTA EL TELÉFONO. Si es necesario que la niñera tenga un número de teléfono, dale el del vecino de al lado (asegúrate que el vecino esté en casa). Él o ella le podrá avisar en caso de que se presente una emergencia. Aparte de esto, nada deberá interrumpir su tiempo juntos.

2. Si la estación del año es apropiada y si tienen una chimenea, enciéndanla. Aun si la persona que te acompaña esta noche es un niño, un buen amigo, o un familiar cercano, una chimenea añade calor al humor igual que a la temperatura de la habitación.

3. Pon algo de música suave que ayudará a traer serenidad al ambiente. Para esta noche en particular deja guardada la música metálica y ácida dentro del armario. Tu propósito en esta noche es hablar, reír, y disfrutar el uno del otro.

4. Piensa en alguna actividad que a ambos les guste hacer (que no sea ver televisión o alguna película —éstas no están a favor de la conversación).

5. Dediquen por lo menos algo de tiempo durante la noche

para hablar el uno al otro. Toma esta oportunidad planificada en casa para llegar al corazón del amor del uno por el otro. Las noches enfocadas en alguien hacen que esta persona se sienta especial. ¡Y amada!

16 ♥ ¿Cuál aniversario?

Celebra momentos especiales para ti
En las fechas que pasar por alto dejé
El día número mil desde que dijiste «sí»
O la centésima vez que te besé

La idea: Sorprende a las personas que amas, con celebraciones especiales en días en que estarán desprevenidos. Muchos de nosotros recordamos aniversarios, cumpleaños y otros eventos especiales en la fecha anual que corresponde a la ocurrencia inicial del evento.

Por ejemplo, si tu hija nació el 4 de febrero, siempre celebras su cumpleaños los días 4 de febrero. Pero, ¿cómo podemos sorprender a las personas que amamos con días especiales que ni siquiera ellos sospechan?

Planear sorpresas especiales y aniversarios: Así es como va esta idea. Digamos que Jim y Andrea se casaron el 23 de agosto de 1988. Ellos esperarían celebrar el aniversario de bodas el 23 de agosto de cada año. Pero qué ¿pasaría si el 23 de mayo de 1991, Jim llegara a casa con flores, un regalo, y una tarjeta de aniversario? El primer pensamiento de Andrea sería, «Jim olvidó el mes de nuestro aniversario».

¡Quizás Jim sea más sabio de lo que Andrea piensa! Para Jim, él está celebrando el día número mil después de su boda. Andrea no tenía idea de que esta fecha llegaba. Ella queda conmovida. Al buen Jim es lo mejor que pudo haberle pasado, sólo porque el se sentó e hizo unos cuantos rápidos cálculos.

La celebración del día número mil: Así es como llegamos a la fecha aproximada del ejemplo de más arriba.

Primer año	365 días
Segundo año	365 días
Sub-total	730 días

Luego tomamos 730 y los sustraemos de 1,000 para ver cual día del tercer año es el número mil.

1,000	días
-730	días
270	días

Luego, sabiendo que hay un porcentaje de 30 días por mes, dividimos los 270 días entre 30 y llegamos a un número de exactamente 9 meses dentro del tercer año. De modo que si añades dos años y nueve meses a la fecha de matrimonio o cualquier otro evento importante de la vida de la persona que amas, te acercarás a unos cuantos días de su milésimo aniversario. ¡Celébrenlo!

Si conoces a la persona que amas desde hace mucho tiempo, utiliza pasos similares para aproximar su día número cinco mil juntos. O el número diez mil.

Otras sugerencias: Usa la misma idea para otros eventos. Si eres un empleador y amas lo suficiente a tus empleados, sorpréndelos en el día número mil después de que ingresaron a la compañía. Aquí citamos algunos otros días inusuales que te ayudarán a sorprender a amigos y personas queridas:

- El séptimo mes (año), séptimo día (mes), y séptima hora (día) desde que saliste por primera vez con alguien especial.
- Planea una celebración de la primera vez que los ahora realizados hijo o hija, sobrino o sobrina, tocaron en un recital de piano, formaron parte de una pequeña liga de béisbol, o aprendieron a escribir.
- Llama a un viejo amigo del colegio que no hayas visto en cinco, diez, o aun veinte años.

17 ♥ Copia de cortesía

La cortesía mucho no abunda
cerca nuestro en estos días
Un corazón dispuesto busca
para decir «eres una maravilla».

La idea: Puedes decir «te amo» cada vez que ves a alguien si le haces cumplidos sinceros de alguna manera. Los cumplidos no necesitan ser dirigidos solamente a la apariencia. A las personas nos encanta oír a otros decir algo agradable acerca de nuestro sentido del humor, del trabajo, o de nuestros talentos. Trata de hacer cumplidos a las personas que amas por lo menos una vez al día.

Piensa en los cumplidos: Puedes afirmar, cumplimentar y alabar las personas que amas en estas áreas:

- La forma en que visten.
- Su genuino interés por las otras personas.
- La forma que siempre te hacen reír.
- Su hospitalidad.
- Su bondad.
- Su sinceridad.
- La comida que prepara.
- Su habilidad como madre.
- Su habilidad como esposo.

- Su cabello.
- El resultado de alguna tarea o proyecto que haya completado.

Cambia los papeles: ¿Y qué acerca de las veces que recibes un cumplido en vez de hacer uno? El aceptar palabras afectuosas de las personas es otra forma de decirles que les amas. Al no estar de acuerdo con sus cumplidos, podrías estar hiriendo sus sentimientos. Aprende a dar gracias y a hacer cumplidos en retorno. ¿Alguna vez te has oído diciendo cosas como,

> *«Gracias por lavar el auto [sarcásticamente]. No puedo creer que sacaste tiempo de tu precioso horario para hacerlo?»*

Quizás en lugar de eso pudieras decir,

> *«Gracias por lavar el auto. Nunca lo había visto tan bien».*

Cuando alguien dice, «Te ves muy linda hoy», dices algo como,

> *«Oh, no digas nada. Mi cabello está terrible, y mi vestido no me queda bien».*

Quizás en lugar de eso pudieras decir,

> *«Gracias, tú tambien te ves muy bien».*

En todas tus relaciones con las personas que amas, trabaja para animar sus buenas cualidades y aceptar la alabanza que te dan en retorno.

18 ♥ Un día de servicio

Pasa el día completo con tu amado
Hagan cosas muy especiales
Si bien te comportas, puede ser que tu
amado
Por un día sea tu sirviente

La idea: Designa un día en el que serás el sirviente de tu amado desde el momento que él o ella se despierte en la mañana hasta que vaya en la noche a la cama. Para esta idea resulte, tienes que estar muy entusiasmado. Piensa en cosas que haces todos los días que te gustaría que alguien las haga por tí. Bueno, de esta forma podrás satisfacer a la persona que amas.

Artículos que puedes necesitar: Aunque este día puede tener lugar sin ningún apoyo o artículos adicionales, puedes divertirte tanto como quieras, con ideas como estas:

- Entrégale a la persona que amas una campanita de modo que él o ella la suene cada vez que tus servicios sean necesitados.
- Búscate un uniforme de camarero o sirvienta y póntelo durante todo el día.
- Prepara un estuche de sirviente lleno de cosas como toallitas de papel (para limpiar los espejuelos o para ofrecer para su nariz cuando sea necesario), una almohada (pa-

ra acomodar a la persona cuando esté sentada), o un vaso (manteniéndolo cerca de él o ella de modo que puedas ofrecerle agua regularmente). También puedes planear servir refrescos especiales durante el día.

Planea tu día especial de servicio: Anticípale antes a la persona acerca del día de modo que él o ella pueda pensar acerca de lo que tienes que hacer. O, si esa idea te asusta, simplemente dile a la persona que reserve el día para algo especial. Puedes revelarle tu estatus de servidumbre al comenzar su día juntos.

Disfruten el uno del otro: Diviértete con esta idea. No limites tus oficios de servidumbre a lo obvio, como el servir el desayuno en la cama o entrar el periódico de la mañana. Piensa en esas tareas diarias que tú odias hacer.

- ¿A cuántos hombres les gusta afeitarse? Si la persona que amas es un hombre, ese día, aféitalo al estilo de los barberos. Organiza sus corbatas por colores o diseños. Lustra sus zapatos.

- Si la persona que amas es una mujer, cepilla su cabello. Hazle una manicure. Brilla su portafolio o limpia el piso de la cocina.

Camina la milla extra:

- Si te agrada la idea de la campanita que mencionamos anteriormente y quieres dejar un recuerdo del día, puedes hacer que graven el nombre de la persona que amas y la fecha.

- Invita a otros miembros de la familia o de tu grupo para ayudarte en el rol de sirviente. Mientras más personas se involucran, más te puedes divertir. (¡Y menos trabajo tendrás que hacer!)

- Corona a la persona que amas al iniciar tu día. Hazle sentir como un rey o una reina que se merece tu compromiso de servicio

- Si él es quien usualmente saca la basura, o ella quien siempre limpia el baño, extiende tu día de servicio proponiendo hacer esas tareas cada día o semana durante el próximo mes.

19 ♥ Sí, sí

Revivan su día de bodas
Renueven los votos que hicieron
Si eres soltero hay una forma
De agradecer los amigos que
permanecieron

La idea: Esta idea puede parecer más apropiada para personas casadas, pero puede ser alterada para usarse en cualquier amistad o relación. Sugerimos que renueven los votos que se hicieron el uno al otro si están casados. Si no están casados, o si quieres renovar los votos a los miembros de la familia o a amigos, aquí damos algunas sugerencias para hacer esto.

Diciendo que sí otra vez: Muchos eventos y circunstancias necesitan una renovación o reconocimiento de un compromiso con otra persona. Más abajo encontrarás algunas sugerencias.

- *Renueven los votos de su matrimonio cada año en su aniversario.* Esta idea es maravillosa para aquellos recién casados que quizás todavía no tienen muchos años bajo este lazo, para hacer una reactuación de la ceremonia. Trata de hacer de este evento una tradición. Recuerden su ceremonia de matrimonio y reciten las promesas que se hicieron el uno al otro ese primer día en que Dios los unió. Podría ser de ayuda el reenfocar las prioridades que se hayan tornado un poco nubladas.

- **Representen su día de bodas.** Si han estado casados por muchos años, escojan el próximo aniversario importante como el día en el cual representarán su día de bodas. Quizás todavía viven cerca del lugar donde tuvo lugar la boda. Vayan ahí. Si no, conduzcan la ceremonia en el patio de su casa o en su hogar. No tiene que ser una función muy elegante.
Quizás quieran celebrar esto ustedes solos. O quizás quieran incluir a sus familiares más cercanos. Si quieren llamen los invitados originales de la boda. Si eres del tipo de personas que les gusta hacer una fiesta en forma, inviten a todos sus conocidos.

- *Renueven su compromiso con sus hijos.* Los padres pueden apartar un día especial cuando cada hijo tenga trece o dieciséis años, o después que se gradúen de la escuela. Podrías compartir con el niño tu amor a él y confesarle tus faltas y defectos. Pídele a tu hijo que te perdone por las veces en que te equivocaste.

- *Haz un reconocimiento de una forma especial, a amigos muy cercanos.* Quizás no tengas a nadie con quien renovar votos, pero tienes unos cuantos amigos leales a los cuales quieres hacer un reconocimiento. Haz un Pacto de Amistad con ellos y luego cada año, celebra su amistad en la fecha aniversario de tu promesa. El documento podría verse similar a esto:

UN PACTO DE AMISTAD

Nuestro mundo tiene formas de reconocer y celebrar matrimonios, nacimientos, y otras relaciones familiares. Pero pocas personas toman la oportunidad para celebrar a las personas más valiosas de sus vidas: nuestros mejores amigos.

Este certificado es entregado a

(Juan Pérez)

DE SU AMIGO _____

EN ESTE _____ DE _____

DEL AÑO MIL NOVECIENTOS _____

Por medio de este pacto prometo ser tu amigo hasta el día que muera.

20 ♥ El poder de las flores

Nada hay más simple y más apropiado
que las flores que puedas regalar
Este día, esta noche, hazlo
Por un mes o por una semana.

La idea: Por siglos el regalar flores ha sido la forma más práctica y sentimental de una persona expresar amor a otra. Enviamos flores para los cumpleaños, aniversarios, o cuando un amigo recibe un ascenso en el trabajo. También enviamos flores durante los momentos más trágicos de nuestra vida. Cualquiera que sea la ocasión, el mensaje implícito todavía es, «Te amo, y estoy pensando en ti hoy».

Sólo tienes que mirar a un grupo de damas en una oficina tratando de sentarse inmóviles cuando un mensajero trae un ramo de flores. Casi todas se preguntarán, «¿Para quién serán esas flores?» (¿Por qué usamos el ejemplo de las damas en una oficina recibiendo flores? ¡Porque pocas damas han dado el paso de enviar flores a un hombre!)

Utiliza las flores para decir «te amo»:

- La forma más obvia para utilizar flores es enviar un ramillete a la casa o la oficina de la persona que amas. Entregar las flores tú mismo es aún más especial porque eres tú quien verá la reacción de la persona que amas.

- Considera el traer flores a casa cada noche por una semana.
- Da un paseo a pie con la persona que amas y recoge flores silvestres. Crea tus propios ramos.
- En cumpleaños especiales, utiliza las flores en formas únicas. Por ejemplo, si es el treinta cumpleaños de la persona que amas, haz que una persona diferente presente una rosa y una nota especial cada quince minutos durante el día. Finalmente llegas con la rosa número treinta.
- Envía flores a personas en tu oficina, amigos, o miembros de la iglesia que quizás nunca han recibido flores. Déjales saber que también son amados.
- Adopta un código utilizando ciertas flores. Por ejemplo,

Una rosa quiere decir, «te amo».
Una margarita quiere decir, «juguemos».
Un pensamiento quiere decir, «estoy pensando en ti».
Un narciso quiere decir, «lo siento».

21 ♥ Horas de mayor audiencia

Por siete días intenta
La televisión no encender
Este libro o tu propio ingenio usa
Y podrás de esta, la mejor semana hacer.

La idea: La razón por la que los ejecutivos de la televisión llaman a la noche «horas de mayor audiencia» es porque esta es la parte del día en que la mayoría de los americanos se reúnen frente a la televisión. ¿Qué pasaría si tú y todos los de tu casa prometen dejar apagada la televisión por una semana completa? ¿Qué van a hacer con todo ese tiempo?

¿Por qué no dedicarlo a las personas que amas? Los niños permanecen igual cantidad de tiempo frente a los televisores que frente a sus maestros. Muchos adultos dedican aún más tiempo que sus hijos frente a la televisión. Entonces, ¿por qué no tomar tiempo para hablar, jugar y escucharnos el uno al otro?

¿Entonces, qué hacemos ahora?: Lo siguiente es una sugerencia para los siete días sin televisión:

Día 1: Den una vuelta a pie y planeen lo que harán con el tiempo que normalmente estarían viendo televisión. Si tienen hijos, tráiganlos también. Déjenlos ser parte del proceso de planeamiento.

Día 2: Jueguen juntos. Si no les gustan los juegos de cartas, traigan los juegos de tablero, *Scrabble*, *Monopolio* y *Clue*. Resuelvan un crucigrama juntos.

Día 3: Hagan una visita de sorpresa a uno de sus amigos más cercanos, quizás un vecino o alguien que conozcan que pueda necesitar compañía.

Día 4: Hagan una fogata en la chimenea o hagan su propia barbacoa en el patio trasero. Simplemente dediquen tiempo a disfrutar de la compañía de cada uno.

Día 5: Trabajen juntos en algún proyecto alrededor de la casa o pídeles que hagan algunos mandados que necesitas. Sean activos.

Día 6: Haz una de las otras ideas de este libro y di, «te amo» de esa forma.

Día 7: Haz de este día un día de descanso. Descansa en casa, ve al parque y tírate en el césped o visita una playa o un lago cercano. Luego vuelvan a casa y simplemente conversen. Hablen de todo el tiempo que han podido dedicar el uno al otro en vez de ver TV. Pronto te darás cuenta de cómo realmente pueden ser las «horas de mayor audiencia».

22 ♥ Pensamiento: la comida

Todo el día en cada comida centrarás
Desayuna, almuerza y cena
De seguro al final
Pero delgado no estarás.

La idea: La mayor parte de nuestra sociabilidad con las personas que amamos tiene lugar durante las comidas. Esta idea sugiere que tomes un día completo y planees tener tres comidas muy especiales con la persona que amas.

Planea la reunión: La buena comida es importante, pero los arreglos para sus comidas juntos necesitan atención cuidadosa. A continuación algunas sugerencias.

Desayuno

- Sirve el desayuno en la cama
- Ve al lugar donde mejor sirvan un *brunch*.
- Haz *waffles* con una docena de cremas para escoger.
- Compra las hojuelas de maíz *Alpha Bits* y escribe con estas «te amo» en el plato.
- Desayunen en un lugar donde puedan disfrutar de una vista agradable en la mañana

Almuerzo

- Planea un picnic y busca un lugar privado en la playa o en el bosque.
- Invita a almorzar a la persona que amas y también a algunos amigos cercanos, que están esperando para reunirse con ustedes.
- Ordena una pizza y pídele al cocinero que escriba «te amo» con pepperoni.

Cena

- Busca el lugar más romántico para ir a cenar.
- Tengan una cena a la luz de las velas en casa.
- Pídele a algunos amigos que vengan a su casa y les sirvan como meseros y meseras.
- Vayan a su restaurante favorito.
- Ostenten con finos postres.
- Cenen en algun lugar donde puedan apreciar el atardecer.

Una nota extra: En muchas casas, en todos los Estados Unidos, las familias raras veces comen juntos una vez a la semana, por no decir que comen separados las tres veces del día. Esta forma de decir «te amo», no sólo se enfoca en un día con tres comidas especiales, sino también en la sugerencia de que traten de almorzar con la persona que aman y los miembros de tu familia lo más frecuentemente posible —aunque esto signifique reorganizar tus horarios.

23 ♥ De pesca

Es tiempo de vacaciones, hagamos locuras
¿Dónde? Eso dependerá
De cuánto dinero puedas ahorrar
Y de cuánto dejes de gastar.

La idea: Todos necesitamos de un tiempo lejos de nuestra rutina diaria para estar con las personas que amamos. Una de las mejores formas de decirle a una persona que le amamos es planear unas vacaciones juntos. Aun si no tienen tiempo de vacaciones disponible ni siquiera en el futuro inmediato, fijen la fecha ahora. La mitad de lo divertido de unas vacaciones es el tiempo de planificación de un viaje especial.

Considera un presupuesto. No es necesario que tengas un enorme presupuesto para planear unas vacaciones. De hecho, algunas de las más relajantes vacaciones son las que tienen lugar lo bastante cerca de casa, de modo que los costos de viaje sean bajos, pero lo bastante lejos para sentirte removidos de las presiones diarias.

En el futuro, si no tienes dinero para un viaje, fija tus vacaciones lo suficientemente lejos para que tengas tiempo de ahorrar lo sufiente. Haz un plan de ahorros que puedas llevar a cabo.

Escoge el lugar. Reúnanse todas las personas que irán al viaje. Luego, teniendo en mente las restricciones del presupuesto que ya has establecido, utilicen un mapa para explorar los lugares posibles.

Si tu presupuesto es muy limitado, quizás sólo necesites un

mapa de tu estado o de los estados circundantes. Si tu presupuesto es un poco más generoso, entonces puede ser que necesites un mapa de los Estados Unidos. Y si eres una de esas pocas personas para las cuales el dinero no es un obstáculo, consíguete un mapa del mundo.

Desarrolla un plan preliminar: Juntos, completen un plan similar al siguiente esbozo. Según se acerque la fecha de salida, pueden ir dando más detalle al plan.

PLAN DE VACACIONES
para

_____

(Haga una lista de los nombres aquí)

*Fecha de salida:*_____*Regreso:* _____

Destino:

_____

Forma de viaje:

_____

Itinerario:

_____

Necesidades de hospedaje o alojamiento en campamento:

_____

*Una actividad que a cada persona le gustaría hacer durante
  este viaje:*

Nombre	Actividad para este viaje
_____	_____
_____	_____
_____	_____
_____	_____

24 ♥ Escríbelo

Toma lápiz y un papel
Una nota especial escribe
Que diga: «Ella merece un "diez"»
Y déjala donde la pueda ver.

La idea: ¿A quién no le gusta recibir una nota de alguien con las palabras «te amo» escritas en ella? (Quizás algunos de ustedes los «machos» no crean que está *en la onda* escribir este tipo de notas. Pero admítanlo. ¿Cómo se sienten cuando alguien les escribe una nota que diga «te amo»?) Para muchas personas es más fácil escribir «te amo» que decirlo.

Decir lo adecuado: Sin duda, lo más fácil del mundo sería ir a la papelería y comprar una efusiva y sentimental tarjeta diseñada para una ocasión especial. Pero no esperes para este tipo de ocasión. Intenta esta idea improvisadamente.

Tu meta, para un día en particular, será buscar tantas formas como sean posibles de escribir las palabras, «te amo». A continuación algunas sugerencias para que comiences.

- Escribe «te amo» en el espejo del baño con pasta dental.
- Deja que el césped crezca hasta que esté grueso y alto. Luego recorta las palabras TE AMO con la cortadora de césped.

- Lleva a la persona que amas a la playa y escribe palabras de amor en la arena.
- Desliza una nota en la caja de cereal de modo que salga cuando el cereal se vacíe en algun contenedor.
- Pon un gran letrero en el refrigerador que diga, «te amo».
- Escribe «te amo» en letras negras oscuras en la décima hoja de papel del rollo de papel sanitario.
- Envía una nota por correo certificado a la oficina de la persona que amas.
- Usa una barra de jabón para escribir «te amo» al revés en el parabrisas posterior del auto de modo que las palabras puedan leerse correctamente por el espejo retrovisor.
- Pon notas en cualquier artículo que la persona que amas abrirá ese día, como un portafolios, cartera o billetera, bolso para palos de golf, libro, o lonchera.
- Busca una vieja funda de almohada y escribe «te amo», de modo que esto sea lo último que la persona amada vea en el día.

- Algunas de tus ideas:

_____
_____
_____
_____
_____
_____
_____

25 ♥ Un poco de C.A.T.

Trata con cuidado a tu amado
Cómprale un corsage
Mantén limpios sus zapatos
Y dale un masaje.

La idea: Trata a la persona que amas con cuidado, amor y ternura. Haz esto porque quieres que ella tenga un día divertido cuidando de sí misma, en vez de cuidar a todo el mundo.

Haz el presupuesto: A primera vista, esta puede parecer una idea costosa, pero no necesariamente tiene que ser de esa manera. Puedes echar la casa por la ventana y comprarle todo lo que está en la lista de más abajo, o puedes alcanzar una meta similar haciendo sólo una o dos de las ideas sugeridas. Quizás tú y la persona que amas tienen un amigo mutuo que les podría ayudar a hacer algunas de las sugerencias enumeradas más abajo sin cobrarles nada o por un precio mínimo, sólo para compartir y hacer del día algo especial para ella.

Planea mimar: Puedes hacer muchas cosas para la persona que amas, logrando con este día de mimos, una experiencia inolvidable. A continuación algunas actividades que puedes organizar para él o ella.

- Un corte de pelo.
- Una manicure.

- Un masaje con un especialista.
- Tiempo en la tienda para comprar un nuevo vestido o traje.
- Una hora en una tina caliente.
- Un baño sauna.
- Una siesta.

Una alternativa: En vez de (o en adición a) dar a la persona que amas los mimos arriba mencionados, haz también algunos cambios en tu apariencia. Si andas con el pelo enmarañado, o con hoyos en tus pantalones vaqueros, trata de arreglarte el cabello, afeitar tu cara, o comprarte un nuevo par de pantalones. Si tus uñas están rotas y no te has puesto un vestido elegante desde hace más de un año, hazte una manicure y ponte algo que permita que te veas y te sientas bonita. ¡Quizás la persona que amas vuelva a enamorarse de ti otra vez!

26 ♥ Citas con temas

Escoge un tema y envíale una tarjeta
Planea tres o cuatro citas
Para tenerle fuera de guardia
Cuando una sorpresa acecha,

La idea: Esta forma de decir «te amo» es maravillosa si estás planeando una sorpresa para la persona que amas y quieres encontrarle fuera de guardia.

Planea una serie de tres o cuatro citas centradas en un tema. (Algunos temas sugeridos están enumerados más abajo.) Si tienes un evento planeado que no quieres que la persona que amas descubra, como una fiesta sorpresa, puedes incorporarlo a la cita número tres de una serie de cuatro.

Planea citas con temas: Digamos que un tipo llamado Doug le envía a su novia Cindy una tarjeta invitándola a salir a una serie de citas, el primer sábado de cada mes por un período de cuatro meses. Las citas se centrarán en los medios de transporte usados.

Cita de agosto:

Doug y Cindy abordan un tren y viajan dos horas a un pintoresco pueblo donde disfrutan de un paseo en el campo y una romántica cena al atardecer. Al final del día, abordan el tren y regresan a su pueblo de origen.

Cita de septiembre:

Mientras el clima todavía esté caluroso, ambos viajan a un río cercano donde un bote de pedales lleva personas de paseo en las tardes y las trae a su puerto de embarque original a una barbacoa a la orilla del río.

Cita de octubre:

Para ver los brillantes colores de las hojas cambiantes del otoño en montañas circundantes, Doug y Cindy conducen hasta unos rieles aéreos locales que suben un lado de una montaña. En la cima encuentran una pradera abierta y hacen un picnic.

Cita de noviembre:

Envueltos en sus abrigos de lana para mantenerse calientes, Doug sorprende a Cindy al conducir su auto hacia un globo de aire caliente que los espera. El gran artefacto, ahora sobre los aires, hace silueta con el anaranjado atardecer. Cindy es tomada por sorpresa cuando Doug abre un cajita de pana negra, saca un anillo, lo coloca en el dedo de Cindy, y dice, «Cindy, te amo. ¿Te casarías conmigo?»

Si Doug no hubiera planeado una serie de citas divertidas antes de la vuelta en el globo de aire caliente, Cindy hubiera sospe-

chado un poco. Viniendo al final de una serie de citas con un tema similar, él pudo sorprenderla con un regalo muy especial.

Otros temas a considerar:

- *Norte, sur, este y oeste : Planea una serie de viajes cortos a lugares cercanos en cada dirección.*
- *Las cuatro estaciones del año: Sin prestar atención a la época del año, escoge un evento de primavera y otros de verano, otoño e invierno.*
- *Alto y bajo: Dentro de un radio de cien millas de tu casa busca la elevación más alta, la más baja, y dos lugares en medio. Planea actividades lo más cerca de estos lugares como sea posible.*
- *Acuáticos: Visita un lago, un río, un océano y una cascada .*

27 ♥ Un día a la vez

Que, ¿cuánto te amo?
Déjame contar las formas
Y extraer desde lo más profundo de mi ser
Algunos pensamientos para todos tus días.

La idea: Quizás hayas visto esos populares calendarios con «un chiste para cada día», o «un proverbio para cada día», o «una cita para cada día». Aquí está tu oportunidad para confeccionar el mismo tipo de calendario para la persona que amas.

Este proyecto puede ser tan simple, como proveer pensamientos de amor para una semana, o, si te quieres tomar el tiempo, puedes hacer suficientes páginas para un mes. Si realmente quieres impresionar a tu amado, ¡confecciona un calendario con 365 páginas! Recomendamos la opción de un mes de duración.

Prepara un pensamiento de amor para regalarle cada día: Comienza comprando ya sea un bonito calendario o un diario con páginas en blanco encuadernado. Estos artículos seguramente están disponibles en papelerías y librerías.

Si estás preparando las suficientes páginas para un mes en un diario, numera cada composición de dos páginas con los días del mes (1, 2, 3 y así en lo adelante). No te preocupes por poner los nombres de los días de la semana. La persona que amas quizás quiera usar este calendario otra vez en meses futuros.

Ahora, en cada página, escribe un breve pensamiento acerca del porqué amas a esta persona especial, o dile lo que más te agrada de él o ella.

Pon tu mente (y tu corazón) en forma.
Algunos ejemplos:

- 9: Tu sentido del humor es inigualable. Tú me haces reír como nadie en el mundo puede.
- 14: Me encanta cómo me alientas cuando estoy desanimado.
- 25: Así de simple es. Te amo.
- 30: Gracias por dedicarme tanto tiempo.

Presenta tu calendario con tus pensamiento de amor: Una vez que tu diario esté terminado, compra una tarjeta de acuerdo con la ocasión y entrégala a la persona que amas a la hora de la cena. Explícale que él o ella puede ver lo que contiene cada página, pero sólo en el día indicado. No correcto mirar hacia adelante.

28 ♥ Escoge un proyecto

Escoge un proyecto
que quieras que se haga
Algo que deseas
que ellos hagan
No puede ser algo
que divertido parezca
Pues si fuera así, hace años
Ya la cosa estuviera hecha.

La idea: La mejor forma de decirle a alguien que le amas, es realizar por él o por ella un trabajo terrible y tedioso que ha estado molestándole durante mucho tiempo. Puede ser un proyecto que la persona que amas ha querido hacer desde hace mucho tiempo.

Por ejemplo, puedes quitar toda la maleza que arruina la vista desde la ventana de la persona que amas. Puedes reemplazar o limpiar toda la tela metálica protectora de las puertas. Además, puedes limpiar el garaje o ese armario del corredor que no ha sido tocado desde que se mudaron a la casa.

Más abajo hemos provisto una hoja de trabajo para ayudarte a planear tu proyecto. Quizás quieras hacer esto un día en el que la persona que amas no esté en casa, para que entonces, finalizado el proyecto, sea un regalo de sorpresa.

Hoja de trabajo para un proyecto especial

Paso uno: Escoge un proyecto

Más abajo enumera todos los proyectos que él o ella no quieren hacer pero que le gustaría que se hicieran.

_____

_____

_____

_____

Ahora encierra en un círculo el menos agradable. Ese será entonces el que harás primero.

Paso dos: Haz una lista de tus provisiones

Haz una lista de la pintura, herramientas, manuales y otros artículos que puedas necesitar. Pero, «hazlo tú».

_____   _____

_____   _____

_____   _____

_____   _____

Paso tres: ¡Ponte a trabajar!

Para teminar el día: Una vez que termines tu proyecto, muéstrale a la persona que amas todo lo que has hecho. Explícale que lo hiciste porque lo amas tanto que querías quitarle esa carga.

29 ♥ Rema, rema

De todos esos lápices deshazte
Todas tus tareas olvida
Guarda tus herramientas
Y por un par de remos cámbialas.

La idea: Busca un lugar de veraneo cerca de un lago, una distancia que puedan ir en su auto, donde puedan alquilar botes de remos. No piensen siquiera en alquilar un bote de motor. Estamos hablando de amor, no de ruido.

Prepara tu día especial: Antes de salir a tu excursión acuática, cuando planees tu día especial, considera las siguientes sugerencias:

1. *Quizás quieras preparar una neverita con hielo.* Trae las bebidas y los bocadillos preferidos de la persona que amas para difrutarlas en el lago. Traigan también algo de pan y galletas para alimentar a los patos. Por si acaso los asientos no son cómodos (lo que casi siempre pasa en los botes a remo, llévense un par de cojines.

2. *Escoge la hora del día que sabes prefiere de la persona que amas.* Si él o ella es una persona mañanera, vayan tan temprano en el día como sea posible, cuando el agua está quieta y los sonidos son distintos. Si a la persona que amas le gusta la naturaleza, vayan a mediodía para tomar un baño de sol. Luego disfruten la tarde. Menos cantidad de personas están cerca, y el sol se está ocultando.

La persona que amas podría disfrutar de una vuelta en un bote antes de la puesta del sol.

3. *Busca un lugar que esté apartado de la muchedumbre.* No remen todo el tiempo que estén juntos. Disfruta ese tiempo con la persona que amas. Los únicos sonidos que deberán oir será el chapoteo en el agua a los lados de su bote, el movimiento de algunos patos, y su conversación.

4. *Dile lo maravilloso que es estar juntos.* Dile, «te amo».

30 ♥ Reformación de los hábitos

Deja un mal hábito
para bien de los que amas
Saca todo ese alcohol
de los estantes
Deja de fumar
Por amor a tu esposa
o simplemente hazlo
por amor a ti.

La idea: Esta idea consiste en decirle por lo menos a dos personas que las amas —la que más amas y a ti mismo. ¿Tienes algún hábito o costumbre que irrita a las personas cercanas a ti? Quizás sea algo tan serio como comer demasiado, o quizás es algo menos serio como chasquear tu goma de mascar. En ambos casos, los malos hábitos pueden estar añadiendo tensión a tus relaciones con las personas que amas.

Puedes mostrarle a las personas cercanas a ti cuanto les amas cambiando esos malos hábitos y costumbres que les molestan.

Dar por amor: A continuación algunos hábitos simples que muchos de nosotros podríamos tratar de superar.

- Golpear con una pluma sobre la mesa.
- Dejar la tapa del sanitario hacia arriba.
- Echar maldiciones.

- Dejar luces encendidas por toda la casa.
- Masticar con la boca abierta.
- Devolver el auto con el tanque sin gasolina.

Romper con los hábitos: Algunos hábitos son difíciles de dejar. Otros puede que sean más simples de lo que piensas. No importa cuán malo sea tu hábito, hay esperanza de cambiarlo. Otros lo han logrado. ¡Tú también puedes lograrlo!

Si el hábito que molesta a la persona que amas no es peligroso, pídele a él o ella que te lo diga sutilmente cuando lo estés haciendo. Quizás ni tú mismo te des cuenta en ese momento. Entonces haz algo para cambiar tu comportamiento. A continuación algunas sugerencias:

- Si tu hábito es chasquear tu goma de mascar, practica masticar con la boca cerrada. O, no mastiques goma de mascar cuando estés cerca de la persona a la cual le molesta.
- Si tu hábito es silbar la misma tonada una y otra vez, trata de tararearla suavemente.
- Si tu hábito es mondar tus dientes, lleva siempre un cepillo de dientes.

Si el hábito que quieres cambiar es más serio, busca entonces la ayuda que necesites. Por ejemplo, existen programas diseñados para ayudar a dejar de fumar. También existen programas para ayudarte a superar adicciones a drogas, alcohol, y otros químicos. Nosotros trabajamos para una organización que ayuda a superar problemas difíciles y adicciones. Si necesitas ayuda llámanos al 800-227-LIFE.

31♥ Cuando estamos separados

La ausencia hace que nuestro corazón
se encariñe
Debes saber que cierto es
Pues cuando ellos viajen lejos más allá
Haz que ellos se encariñen también.

La idea: Casi siempre llega un tiempo en la vida en que debemos separarnos de la persona que amamos. Esposos y esposas a veces deben separarse debido a viajes de trabajo, eventos familiares, y aun retiros para estar solos. Los padres muchas veces se separan de sus hijos por cualquier tipo de razones, como campamentos de verano, visitas a los abuelos, e ir a la universidad.

Cuando somos adultos, muchos de nosotros vivimos a miles de millas de las personas que amamos y de nuestra familia. Decir «te amo» nos mantiene en contacto con las personas que amamos, ya sea que nos vayamos en un viaje de dos días o por un año. Aquí damos algunas sugerencias. Puedes usar las que quieras.

Amor que se va: *Cuando la persona que amas se va*

- Pon un regalito en su equipaje.
- Prepara un paquete cariñoso con dulces, mentas, goma de mascar, un libro, o con

entretenimientos que puedan hacerse en un avión, autobus o tren.

- Si la persona que amas se va por más de dos o tres días, prepara un juego de sobres —uno para cada día que él o ella estará fuera. Pon en cada sobre una nota, una foto de ambos, o cualquier otra cosa que le haga a la persona que amas, pensar en ti.

Cuando eres tú quien se va

- Llama a la persona que amas todos los días. Hazlo más frecuentemente si tu presupuesto lo permite.
- Deja un regalo en algún lugar para ser encontrado después que te hayas ido.
- Graba un casete para que la persona que amas lo oiga mientras estás fuera.
- Llama a las personas que amas y diles que vas a ver una película en específico. Pídeles que vean la misma película. Luego pueden comentar de la película como si la hubieran visto juntos.

Cuando las personas que amas viven lejos

- Comienza a llamarlos más frecuentemente. Si usualmente llamas una vez al mes, comienza a llamarlos quincenalmente. Si llamas una vez a la semana, comienza a llamar dos veces a la semana.
- Envíales una tarjeta diciéndoles que los echas de menos y que los amas. Asegúra-

les que estás bien sólo sabiendo que ellos
te aman también.

- En vez de escribir cartas, graba un casete
diciéndoles todo acerca de tu vida. No sólo
es más fácil que escribirles una nota, sino
que a ellos les encantará oír tu voz. Entonces pídeles que te envíen un casete.

32 ♥ Había una vez...

En vez de decir que no puedes escribir,
Deja antes volar tu mente y diles
«Él ha sido mi caballero andante»
o «ella cocina maravillosamente».

La idea: Muchos de nosotros recordamos que cuando éramos niños nos sentábamos a oír a un adulto leernos un libro de cuentos. Quizás lo que más quisimos fué ser como la Cenicienta, ser barridas de la esquina polvorienta de nuestra casa al más maravilloso baile de la ciudad. O al igual que Gulliver, buscamos viajar a tierras lejanas, para visitar personas muy diferentes de nosotros.

Ahora puedes crear tu propia historia basada en tu relación con la persona que amas. Esta idea es también apropiada para tu familia completa o cualquier otro grupo de amigos o personas queridas. Incluye tantas personas como quieras que hayan en tu historia.

Prepara tu historia: Todo lo que necesitas es una pluma, un cuaderno, y mucha imaginación. También podrías tratar de seguir los siguientes pasos.

1. Ve a la biblioteca más cercana y busca en la sección de libros para niños. Siéntate y lee unas cuantas historias. Comienza con las historias del Dr. Seuss o las de los hermanos Grimm.

2. Ahora, en piezas separadas de papel, escribe tu nombre y el nombre de cada persona querida que quieres incluir en la

historia. Comienza enumerando los atributos positivos de cada persona y algunos hechos graciosos en su pasado.

3. Escribe tu historia hablando de tu niñez y de la niñez de la persona que amas. Habla de cómo se encontraron. Explica su situación actual. Deja que tu mente vuele acerca del futuro. Quizás quieras usar para finalizar: «... y vivieron felices para siempre».

Un ejemplo de cuento de hadas: Ahora, veamos un cuento acerca de una azafata de Tucson que conoció a su esposo, un contratista de la Florida, mientras iban a la universidad en *Notre Dame*. (La historia fue escrita por él para su esposa.)

Había una vez una bella princesita llamada Cathy que vivía en el desierto. Su largos y rubios cabellos eran brillantes y sedosos. Su ojos eran tan azules como el cielo. Ella y sus dos hermanas frecuentemente salían al desierto a recoger flores silvestres.

Muy lejos, en otras tierras cercanas a un gran océano, un principito corrió con su perrito a lo largo de la costa. Como único hijo, Billy esperaba encontrar un amigo muy especial.

Cathy creció y se convirtió en una bella jovencita y viajó a un país llamado Indiana para completar su educación. Mientras tanto, Billy decidió ir a la universidad en el mismo país. Un día en que el aire estaba helado y la nieve caía, Billy vió a Cathy calentar sus manos cerca del fuego en el salón de estudiantes. Ella era tan bella, con su abrigo rosa pálido y su sobretodo de invierno. Él nunca había visto a una persona tan preciosa. Supo entonces que ella era la amiga especial que siempre quiso tener.

Cathy y Billy se hicieron amigos, se casaron y volaron en una nube. El construye casas de pan de jengibre en las praderas. Ella vuela muy alto sobre la tierra en las alas de un gran águila de plata.

Cada mañana cuando el príncipe Billy se despierta, contempla a su princesa y da gracias a Dios por este regalo especial. En su viaje hacia el futuro, miran hacia adelante a las laderas cubiertas con flores rojas y azules. En el cielo, sobre las colinas que pasan ante ellos, están escritas las palabras «Billy ama a Cathy».

El gran día: Una vez que tu historia esté completa y te sientas bien con ella, fija una cita con la persona que amas. Busca un lugar que tenga alguna relación con tu historia, la colina florida, la planicie del desierto. Llévalo o llévala a ese lugar. Siéntense juntos y lean la historia.

Dar un paso más allá: Si realmente quieres impresionar a la persona que amas, aquí encontrarás algunas ideas que harán tu historia más divertida.

- Haz que alguien que conozcas haga las ilustraciones de la historia.
- Vístete de bobo que añadirá algo de humor
- Trae los objetos mencionados en tu historia.
- Imprime tu historia para hacer un recuerdo que la persona que amas nunca olvidará.

33♥ Papeles de adopción

Un regalo puedes hacer o un árbol plantar
Para ellos un oso puedes adoptar
La tierra que ves puedes ayudar
Diciendo a los que amas que sí te
preocuparás.

La idea: Puedes decirle a alguien que le amas haciendo buenas acciones. Si la persona que amas tiene un interés especial en una causa específica, es voluntario de la caridad, o ha dedicado tiempo tratando de salvar una parte de nuestra tierra, muéstrale que apoyas ese interés.

Dile a alguien «te amo» mediante la generosidad o la adopción de una causa: Existe una variedad de formas en que puedes ayudar a salvar la tierra, tu ciudad, el medio ambiente local, o personas desafortunadas al mismo tiempo que le dices a alguien, «te amo».

Siembra un árbol. Busca un lugar en tu ciudad donde puedas plantar un árbol en nombre de la persona que amas. Muchas ciudades permiten esto en parques comunitarios y a lo largo de carreteras públicas. (Podrías aún sembrar un árbol por cada miembro de tu familia.) Luego, ocasionalmente, pueden ir a ver cuánto ha crecido el árbol. Si no puedes encontrar un lugar público donde sembrar un árbol, hazlo en tu propio patio.

Adopta un animal. La mayoría de los zoológicos en estos días tienen un programa en el que puedes adoptar uno de sus animales por medio de una donación o convirtiéndote en un «amigo del zoológico». Si la persona que amas le gustan los animales, esto podría ser algo muy apropiado.

Haz una donación de caridad. Si la persona que amas es activa en algún tipo de organización caritativa, haz una contribución especial a esa organización en su nombre. Quizás puedas hacer una recolecta entre tus amigos y decirle a la persona que amas que el total de la donación será dedicado a ese trabajo especial.

Adopta una carretera. Algunas ciudades, condados, o estados te permiten adoptar un segmento de una carretera. Si no existe ese tipo de programa cerca de ti, puedes iniciar uno y designar a la persona que amas como la que adopta. Puedes visitar ese tramo de carretera, y hacer tu parte para asegurarte que esté libre de desperdicios.

Contribuye a construir un proyecto. Con frecuencia, teatros comunitarios, iglesias, edificios de universidades, y otros edificios orientados al público que están en construcción, son proyectos que necesitan personas que donen variadas sumas de dinero. Quizás puedas donar lo suficiente para dedicar un asiento en el teatro local en nombre de la persona que amas.

34♥ Verdadera tristeza

No hay mejor forma para mostrar tu amor
Que cuando estén llenos de tristeza
Compartir y de tu tiempo dedicar
De esto el amor se trata.

La idea: Todo el mundo ha tenido un mal día. ¡Algunos de nosotros hemos tenido hasta malas semanas! No hay tiempo mejor en la vida de una persona que sentirse amada cuando las nubes negras aparecen. Usualmente existen razones por las que nos deprimimos.

- Alguien cercano a nosotros se ha alejado, y echamos de menos a esa persona especial.
- Simplemente tuvimos un pésimo día en el trabajo.
- Una persona que amamos está enferma.
- Simplemente nos sentimos solos.

Algunas veces no podemos explicar que es lo que está mal. Simplemente tenemos tristeza.

Llevar lejos la tristeza: Algunas personas tratan de alejar el dolor de las personas que aman haciendo que rían. Si eso funciona para la persona que amas, haz un intento. La risa que provocas quizás sea el rayo de sol necesario para pasar a disipar las nubes. Pero si no te es posible hacer reír a la persona que amas, intenta algunas de estas ideas.

Simplemente siéntate junto a ellos. Muchos de nosotros nos sentimos tan incómodos cuando alguien está deprimido que lo único que hacemos es desaparecer del mapa. Quizás sintamos que debemos mantenernos hablando para aminorar nuestra propia ansiedad, o nos vemos compelidos a ofrecer soluciones que sabemos no servirán para nada. Pero a alguien que está realmente triste usualmente no le interesa oír soluciones inconclusas. Esa persona sólo necesita que estemos ahí. No trates de «arreglar» nada. Sólo estáte ahí.

Escucha. Si te sientas junto a la persona el tiempo suficiente, él o ella podrá hablarte. Con frecuencia, una persona triste sólo necesita que alguien escuche sus aflicciones. Aunque la situación no te parezca tan mala a ti, ciertamente tiene importancia para la persona que amas. Acércate y alístate a escuchar.

Afirma tu amor. La mejor ayuda que muchas veces podemos dar a un amigo o a una persona que amamos que está sufriendo es la afirmación de que él o ella se merece nuestro amor. Déjale saber a la persona que sí, que ella te interesa. Déjale saber que estarás ahí para ayudarla.

Abrázale. Cada día, alrededor de ti, hay personas que quizás no hayan recibido un abrazo en meses. Si existe alguna persona en tu vida que está sufriendo, intenta darle un abrazo.

35 ♥ Esta es tu vida

Hazlos ir al pasado y hazlos sollozar
Con los que significan más
Monty Hall un trabajo necesitará
Pues conductor de programas serás.

La idea: Cualquiera que haya nacido antes de 1960 recordará el programa de televisión en el que Ralph Edwards sorprendía y honraba a alguien en escena. Varias personas que habían sido parte de la persona homenajeada aparecían de detrás de las cortinas y contaban una historia personal. Puedes proveer el mismo tipo de aventura para la persona que amas. (Aquí está tu oportunidad para saber cómo realmente es Pammy Sue, tu antigua novia de la escuela. Localízala e invítala —si te atreves.)

Probablemente sea mejor mantener esta idea en secreto. Si la persona que amas sabe que estás planeando un evento «Esta es tu vida», gran parte de lo interesante se quitará. Garantizamos que esta idea toma un poco más de tiempo que algunas otras ideas de este libro, pero puedes hacer una versión simplificada y divertirte igual.

Preparáte para la «gran noche»: Aunque puedes tener este evento durante el día, quizás sea más apropiado durante la noche. La mayor parte de tu preparación para esta idea en particular tendrá lugar antes de la «gran noche». Este evento será menos costoso y más exitoso si lo aplicas a una persona que viva cerca de donde están sus raíces. O si tú y la persona que amas planean un

viaje a la ciudad de donde es ella, quizás puedas planear con
antelación y hacer que este evento suceda mientras él o ella esté en
«casa».

- Primero, separa una fecha uno o dos meses
  más tarde con la persona que amas. Vas a
  necesitar algo de tiempo para implementar
  tu plan.

- Busca entre las fotografías viejas, álbumes
  de recortes u otros artículos nostálgicos de
  la persona que amas. Según vayas encon-
  trando personas que hayan influido en la
  vida de esa persona, escribe sus nombres.
  Quizás también puedas preguntarle a sus
  familiares, si tienen nombres que sugerir
  o si consideran apropiados los nombres de
  tu lista. Si estás aplicando esta idea a alguien con quién creciste, este paso será
  muy fácil para ti.

- Localiza tantas personas de tu lista como
  puedas. Pregúntales si están disponibles y
  si podrían tomar parte en esta noche especial.

- Comienza a preparar tu libreto. Busca un
  poco de información relevante que fue
  muy especial en la relación de cada persona con la persona que amas. Piensa en algo
  apropiado que decir y también para que
  cada persona lo diga antes de aparecer «en
  escena».

- Selecciona un lugar. Quizás quieras invitar a los amigos de la persona que amas. O

tal vez quieras hacer de este evento algo íntimo sólo con familiares y amigos cercanos. Cualquier cosa que decidas, escoge el lugar de acuerdo a esto. Puede ser tan simple como la casa de un amigo o tan elaborado como un salón de banquetes en un hotel cercano.

La puesta en escena de la «gran noche»: Debes asegurarte que todos los invitados sorpresa lleguen antes del arribo de la persona que amas. Pónlos en una habitación localizada detrás del lugar donde el invitado de honor se sentará. Cuando el invitado de honor aparezca, haz que toda la «audiencia» diga, ¡ESTA ES TU VIDA! Una vez haya superado el shock y la vergüenza de un saludo así, dile que no se voltee en ningún momento. Luego, trae tu primer invitado.

Haz la noche más memorable: Aquí enumeramos algunos puntos que pueden hacer la noche especial una memoria viva que durará para siempre.

- Para mantener el programa original «Esta es tu vida», haz un álbum de recortes de la noche. Una foto de cada invitado sorpresa podría ser resaltada. Podría colocarse al lado de cada fotografía un mensaje escrito a mano que exprese sentimientos personales.
- Coloque un letrero sobre la silla donde el invitado de honor se sentará.
- Luego de que el invitado sorpresa sea presentado, permite a la persona que amas que diga unas cuantas palabras.

36 ♥ Rostiza el pavo

Reúne amigos muy cercanos
Deberán ir preparados
Para un muy especial rostizado
¡Eso sí! hazlo con cuidado.

La idea: Probablemente hayas visto «rostizar» a una celebridad en la televisión por sus compañeros. Un rostizado es un evento en el que una persona es homenajeada a través de una serie de presentaciones y discursos de sus amigos, familia, compañeros de trabajo, u otras personas. Cada expositor toma su turno burlándose de los rasgos de la personalidad o de la vida del homenajeado. Usualmente, un rostizado ocurre como parte de una fiesta cena.

Sugerimos hacer lo mismo para la persona que amas. No es necesario que alquiles un salón de banquetes en un hotel cercano. Manténlo simple. Da una cena en casa e invita a algunos de tus amigos más cercanos.

El comediante Don Rickles era el rey de los rostizados. Sus chistes y puyas eran muy directas. Sin embargo, te sugerimos usar tu sensibilidad cuando estés llevando a cabo esta idea para la persona que amas. Recuerda, la intención es hacer reír al invitado de honor junto con la audiencia.

Selección de los presentadores: Por lo menos una semana antes del rostizado, haz una lista de las personas que consideras deben ser presentadores. Selecciona una sección cruzada de personas que son parte de la vida de la persona que amas.

Por ejemplo, escoge uno o dos compañeros de trabajo, una pareja de miembros inteligentes de la familia, alguien de la iglesia, un vecino, y un viejo amigo de la escuela.

Podría pedirse a su jefe «rostizar» su comportamiento en el trabajo: Nick es un hombre de «detalles». Él podrá saber si alguien ha estado en su escritorio chequeando solamente, si uno de sus diez lápices en su gaveta ha sido usado sin habérsele luego sacado punta nuevamente.

Podría pedirse a su compañero de jugar golf que comente acerca de cómo juega: Nick es la única persona que conozco que sale del campo de golf con más pelotas de las que trajo. El dedica más tiempo recogiendo las pelotas que otros jugadores pierden, que jugando. ¿Nick, alguna vez en tu vida has comprado una pelota de golf?

Podría pedírsele a un compañero anciano de la iglesia explicar el comportamiento de Nick en una reunión de la directiva: Siempre podemos contar con que Nick corregirá la minuta de la reunión anterior. El no sólo toma sus notas para llevar cada detalle, sino que corrige la escritura y la gramática de todo lo que se pasa.

Afirma el «rostizado»: Puesto que estás tratando de mostrarle a la persona que amas cuánto él o ella es amado, asegúrate de que cada expositor termine con algunas palabras de afirmación o de aliento. Es divertido reírnos de nuestra propia idiosincracia, pero es mejor recibir elogios por nuestras peculiaridades y fragilidades que hacen que los otros nos amen.

37♥ El dinero no es obstáculo

Vete de parranda a comprar,
El mejor regalo traerás
Hoy te las ingeniarás
Porque dinero no gastarás.

La idea: Una forma de decir «te amo» es salir de compras y traer todos los regalos que puedas para la persona que amas. Pero puesto que la mayoría de las personas no tienen el dinero suficiente para hacerlo, esta sugerencia es un poco diferente. Todavía irás de compras con la persona que amas —sólo que no van a gastar dinero.

Esboza tu día: Tu meta para el día es explorar una serie de tiendas juntos. Una vez que estén en una tienda, cada uno vaya por un camino diferente buscando el regalo perfecto para el otro (sin tomar en cuenta el costo).

Luego cuando se reúnan los dos, muéstrale a la persona que amas el regalo que has seleccionado. Déjale que te muestre el regalo que escogió para ti. Devuelvan los artículos y salgan de la tienda. Este tipo de compras no te cuesta un centavo y te divertirás muchísimo buscando el regalo perfecto. Aquí exponemos algunos ejemplos para comprar cuando «el dinero no es obstáculo».

La tienda de tarjetas. Busca en todas partes la tarjeta que describa tus sentimientos por la persona que amas. Una vez que la hayas encontrado, muéstrasela. Permite que la persona que amas la lea, luego pónganla en su lugar. Si se divirtieron buscando la primera tarjeta, quizás quieran seguir buscando otras más.

La tienda por departamentos. Puedes hacer este tipo de compras en un departamento a la vez. Busca la corbata, traje, camisa y zapatos perfectos para él. Busca el vestido, bufanda, accesorios y zapatos correctos para ella. Luego vayan al departamento de joyería y más tarde a los perfumes. Cuéntale a la persona que amas acerca de tus descubrimientos.

Quizás también entren en una tienda de mascotas y encuentres la que más te gustaría regalar a la persona que amas. O tal vez ir a una mueblería y seleccionar la pieza de mobiliario que más te gustaría dar a él o ella.

(Una sugerencia para asegurarte que sigan las reglas: deja en casa el dinero en efectivo, las tarjetas de crédito y las chequeras.)

Saca lo mejor de esta idea: El primer beneficio de esta idea es que tú y la persona que amas pasarán una tarde o noche muy divertida juntos. Además, podrás obtener ideas muy buenas para próximos cumpleaños o regalos de Navidad. Así es que lleva tu libreta de notas. Te puede ser de utilidad.

38 ♥ Fin del libro

Busca un libro, su favorito
Puedes en piel forrarlo
Haz algo más, pues no está listo
Hasta que el autor lo haya firmado.

La idea: Quizás a algunas de las personas que amas les encanta leer. Aun si la más cercana a ti no lee mucho, él o ella tienen un libro favorito. Aquí está tu oportunidad para darle una sorpresa especial, sólo para decirle «te amo».

Haz de su libro favorito un regalo especial: Más abajo damos algunas sugerencias de cómo puedes usar algo tan simple como un libro favorito y convertirlo en un regalo especial muy apreciado.

Primera edición. Si el libro preferido de la persona que amas es antiguo, busca en las librerías de tu área la oportunidad de que tengan una copia de primera o segunda impresión. Si no puedes encontrar una copia localmente, pídele a un gerente de librería que traiga libros difíciles de conseguir o que te ayude a poder encontrar aquellos que se hayan agotado o que sean de la primera edición.

Encuadernado de piel. Aun si no puedes conseguir un ejemplar original del libro favorito, puedes tomar una copia más recientemente publicada y encuadernarla profesionalmente en una bonita y duradera cubierta de piel.

Personalizado. Escribe un mensaje personal y muy especial en la cubierta interna del libro. Asegúrate de decir «te amo» en algún lugar de ese mensaje.

Autografiada. Si el autor del libro todavía vive, haz lo que puedas para lograr que él o ella firme la copia de tu libro de primera edición o encuadernado en piel. Quizás puedas enviarle el libro por correo certificado, proveyendo una caja de envío y el franqueo suficiente para que puedan devolvértelo. (Por si acaso este libro se convierte en el favorito de la persona que amas, lo hemos autografiado para ti.)

39 ♥ Copiloto

Un día temprano en la mañana
Cosas locas con su auto harás
Que haga a los conductores
sus bocinas tocar
Así dirás cuán enamorado estás.

La idea: Antes de que la persona que amas se vaya al trabajo en la mañana, decora su auto igual que para las bodas. Esta será tu forma especial de declararle tu amor públicamente.

Prepara el auto: Más abajo hemos dado algunos ejemplos de lo que puedes hacerle al auto de la persona que amas, para dejar que él o ella —y el mundo— sepan de tu amor.

- *Coloca letreros en el auto.* Di cosas somo «Mike ama a Debra» o «Annie ama a Allen». Pon un letrero en la parte trasera del auto que diga «Linda ama a Vince. Toca tu bocina si también amas a alguien hoy!»

- *Pon cosas dentro del auto.* Trata de llenar cada centímentro cuadrado del asiento trasero con globos de colores.

- *Pon un casete en el auto.* Graba un mensaje que diga cuánto le amas.

- *Hazle algunos obsequios a la persona que amas.* Coloca sobre el asiento su dulce, galleta o chicle preferido.

- *Escríbele una nota.* Dile a la persona que amas que limpiarás el auto cuando él o ella regrese a casa.

40 ♥ Primeros 40

Escoge algunas canciones, tus hits favoritos
De lo más soleado, hasta lo más lluvioso
Eres el «disc jokey», válete de tu ingenio
Y luego todo ponlo armonioso.

La idea: La música es una forma en que las personas han estado diciendo «te amo» por siglos. Si eres un sentimental empedernido, deberás conocer algunas canciones que te ponen de humor para el amor. Si no sabes cuál es el cantante o músico favorito de la persona que amas, averígualo.

Usa memorias musicales: Aquí hay algunas sugerencias de como puedes usar la música con las personas que amas. Algunas son muy simples y otras te tomarán tiempo para prepararlas.

Graba un casete. Si tú y la persona que amas se conocen desde hace algunos años, probablemente sepas cuales son las canciones que tienen un significado especial en su relación. Reúne esas canciones y grábalas en un casete utilizando un equipo de música casero. Quizás quieras añadir una narración antes de cada canción que describa el escenario donde primero la oíste. Esta idea sería especialmente apropiada para dos viejos amigos que se reúnen después de muchos años. Por ejemplo, si te graduaste de la escuela en 1968, reúne algunas canciones de ese año. Ponlas a tocar mientras estén juntos para hacer de su día un poco más nostálgico. (Si no tienes el equipo o las canciones para hacer un casete por ti mismo, muchas tiendas grandes de música te pueden hacer un casete a pedido en el cual incluyan casi todas las canciones que escojas.)

Asistan a una obra o a una película musical juntos. Busca un teatro de la localidad cercano o un centro de artes escénicas más grande cercano también y asistan a un musical —especialmente si se trata de una historia de amor. ¿Podríamos recomendarles un viejo musical de Rodgers y Hammerstein como *Carrousel* o *La novicia rebelde*? Compra el casete con la música antes de ir y luego escuchen, en el camino a casa, las canciones de amor.

Escribe una canción de amor. Aunque esta idea no es apropiada para todo el mundo, hay algunas personas que pueden escribir música para aquellos que aman. Si no tienes talento musical, reescribe las letras de una canción especialmente para la persona que amas. Para hacerlo divertido, toma la música de un viejo programa de televisión como *La isla de Gilligan* y sustituye la historia por una entre tú y la persona que amas.

Vayan a un concierto. Busca el músico preferido de la persona que amas. Aun si te gusta el *rock and roll* y su cantante favorito es una estrella de la música *country*, ve y consigue los boletos. Quizás también disfrutes algo.

Compra un casete. Si no hay conciertos cerca de tu ciudad, o si su artista preferido no viene al pueblo, cómprale un cassette, album o disco de su grupo favorito.

Si ninguna de nuestras sugerencias te llaman la atención, simplemente métanse en el auto, enciende el radio y canten sus canciones favoritas juntos.

41 ♥ Mil palabras

Van Gogh todo un artista fue
Pintó desde océanos hasta girasoles
El intento puedes ahora hacer
De pintar tus emociones.

La idea: Dicen que un dibujo vale más que mil palabras. ¿Alguna vez has analizado junto a alguien una gran pieza de arte? Quizás hayas mirado bien de cerca la técnica del artista y te hayas preguntado qué lo habría inspirado a crear ese trabajo en particular.

Los psicólogos hacen algo parecido con los dibujos de los niños pequeños. Frecuentemente la escena y las acciones dibujadas por los niños pueden informar a estos profesionales de los pensamientos más profundos que un niño pueda tener. Como adultos podemos hacer el mismo tipo de trabajo artístico que hacíamos cuando niños con el fin de mostrar el amor que tenemos por otras personas.

Haz un trabajo artístico: Esta idea involucra una actividad que tú y la persona que amas pueden hacer juntos. Utilizando una de las ideas enumeradas más abajo y separa dos o tres horas para el único propósito de crear una obra de arte para la persona que amas. Trabajen en el mismo lugar pero completamente independientes el uno del otro.

Luego de comprar sus instrumentos artísticos, simplemente comiencen diciendo algo así: «En las próximas dos horas voy a hacer lo mejor para crear una pintura que exprese mi amor por ti. Te pido que hagas lo mismo. No tiene que ser atractivo ni tener sentido para nadie más. Cuando hayamos terminado, explicaremos el porqué pintamos lo que pintamos, el uno para el otro».

Selecciona un medio feliz: Virtualmente existe una variedad ilimitada de materiales de arte que puedes usar para esta actividad. Aquí están unas cuantas simples sugerencias que puedes poner en práctica.

Pintura de Aceite. Compra dos paneles medianos de cañamazo, un juego de pinturas de aceite, y unos cuantos pinceles. Compartan las pinturas, pero no miren el trabajo del otro hasta que el trabajo esté terminado.

Acuarela. Quizás el medio más fácil de usar sea la acuarela. Puedes conseguir acuarelas relativamente baratas. Y a diferencia de las pintura de aceite, la que requiere panel de cañamazo, la acuarela puede usarse sobre papel.

Pinturas con los dedos. Vuelve a la niñez y crea tu pintura utilizando coloridas pinturas con los dedos.

Pasteles o esbozo a lápiz. Algunas personas podrán encontrar los dibujos con pasteles o lápices más fáciles de hacer que con otro tipo de pintura.

Masilla. Utiliza *Play-Doh* u otro tipo de masilla flexible para esculpir una serie de objetos que cuentan una historia durante el tiempo que compartan juntos.

Creyones. No hay nada de malo en hacer esta actividad lo más simple. Cada uno puede sentarse con una caja de creyones. Así es como hacíamos las historias cuando éramos pequeños. ¿Por qué no hacerlo otra vez?

Dar una exhibición de arte: Cuando tú y la persona que amas hayan terminado de crear sus obras de arte, muéstrense mutuamente lo que han creado. Explica lo que significa para ti. Luego, apoya tus creaciones. Siéntense y comiencen una conversación de mil palabras. ¿Qué puedes ver en la creación de la persona que amas que él o ella ni se imagina que está ahí? ¿Qué otras comprensiones tiene cada uno acerca de sus dibujos, pinturas u otras creaciones?

42 ♥ ¡Extra! ¡Extra!

¡Comienza la prensa!
Adelántate a las fechas límites
No más tristes mañanas
Deja que tu amado lea los titulares
Y encuentre su nombre en las primeras
páginas.

La idea: Imagina levantarte en la mañana y arrastrarte hacia la puerta para recoger el periódico de la mañana. El fuerte aire te hiela los huesos, bostezas al cerrar la puerta, entonces abres el periódico y ves tu nombre en los titulares:

ES NOMBRADO

¡LA PERSONA MÁS ADORABLE DE LA CIUDAD!

Según sigues leyendo, encuentras que todos los artículos en la primera página son notitas de amor dirigidas a ti. Tu día se ha iluminado. Pareces caminar en el aire mientras preparas tu taza matutina de café.

Actúa como redactor y editor: Quizás no puedas imprimir una primera página de periódico que se vea igual a la del periódico local, pero puedes crear una imitación con artículos sobre la persona que amas.

Antes de que un periódico pueda ser impreso, un editor necesita un equipo de talentosos escritores y reporteros. Él o ella necesita un medio para imprimir el papel. En caso de que no tengas experiencia en este tipo de tareas, a continuación detallamos algunos pasos a seguir para crear esta «edición especial».

1. Decide qué tópicos serán cubiertos por tu periódico. Quizás quieras conseguir una copia del periódico local para que al leer varias secciones tomes algunas ideas.

Noticias importantes. Elabora ,para esta sección, un artículo donde hables que este periódico de edición especial se realiza en homenaje a la persona más amable del pueblo.

Historietas cómicas. Pídele a un amigo o miembro de la familia que escriba una historia chistosa acerca del sentido del humor de la persona que amas. Consigue, si puedes, un ilustrador.

Editorial. Pídele a alguien que escriba una opinión diciendo una cosa queriendo significar otra, respondiendo a una pregunta como: «¿Por qué todos deben ser tan amables como _____?»

Sección de deportes. Pídele a un amigo que juega golf con la persona que amas que escriba un artículo sobre sus adelantos en el juego.

Sección sobre vidas. Homenajea a la persona que amas pidiéndole a alguien que escriba un artículo especial acerca de su vida.

2. Selecciona un grupo de reporteros y dales una fecha límite de unos diez días desde la fecha en que le entregues el proyecto. Pídele a cada uno que escriba como máximo una página y media a doble espacio. Tus reporteros pueden incluir miembros de la familia. Por ejemplo, si estás haciendo esto para tu esposo en el día de los padres, podrías pedirle a los niños que escriban historias y hagan dibujos de papá.

3. Cuando hayas recibido los manuscritos de los variados reporteros (o una vez que hayas terminado de escribir los artículos tú mismo, o misma, si trabajas solo, o sola), lee cada artículo completamente, asegurándote de que serán alentadores y divertidos para la persona que amas.

4. Ahora ponte creativo. Escribe los titulares. Esta parte de un periódico es lo más importante, pues debe llamar la atención con pocas palabras, a una historia.

5. Luego de que los artículos hayan sido escritos y editados, los titulares compuestos, y cualesquiera fotos o ilustraciones organizadas, es tiempo de imprimir. En un extremo, puedes llevar tus artículos y titulares a un mecanógrafo y pedirle que los escriba en formato de periódico, o puedes pedirle a alguien que tenga una computadora que los ponga en forma de periódico. Asegúrate de dar los créditos a todos los que contribuyeron en los artículos.

En el otro extremo, puedes conseguir una hoja blanca de papel del tamaño de las del periódico e imprimir a mano todos tus artículos. Puedes comprometerte en algún punto entre estos dos extremos, copiándolos en una máquina de escribir común y corriente, y luego pegarlos a tu papel. Sin duda, si tienes acceso a equipo y programas de computadoras para publicidad, puedes producir un periódico muy profesional. No te sientas mal si no puedes conseguir componer tu papel. Es posible que mientras más simple y más hecho a mano parezca, más apreciado sea.

6. Finalmente, es tiempo de distribuir tu papel. Quizás quieras doblarlo dentro de un periódico de verdad para asegurarte que la persona que amas lo vea. O quizás simplemente quieras pasarle tu página frontal diciéndole, «¿Ya leíste el periódico hoy?»

43 ♥ Cine manía

Busca un cine cerca de casa
Escoge el perfecto filme
Al matinée de las dos vayan
O al autocinema tarde en la noche.

La idea: Lleva a la persona que amas al cine, pero no sólo vayas viernes o sábado en la noche. Utiliza una de las creativas sugerencias de más abajo para hacer la salida más divertida, fuera de lo común o romántica.

Sal de la rutina: Quizás siempre vayan al mismo cine. Quizás sólo vayan al teatro ciertas noches. Quizás vean el mismo tipo de película cada vez que van. Trata de añadir un poco de variedad a tu vida. Probablemente una de las ideas que te sugerimos a continuación puedan cambiar tus hábitos de películas y crear una nueva forma de decir «te amo».

Vayan a un autocinema. Ir al autocinema era algo que hacíamos de jóvenes pero ya después de adultos no hacemos tan frecuentemente. Existen muchas ventajas al ir a los autocinemas, si lo piensas un poco. No tienes que preocuparte cómo te ves porque la única persona que te ve es la que va a ver la película contigo. Una película en un autocinema también puede ser más apropiada si quieren hablar el uno al otro durante la película. Aun otra ventaja de los autocinemas es que puedes llevar contigo mucha gente que ames. Pide un van prestado.

Vayan a una matinée. Alguno de estos sábados en la tarde, déjenlo todo, aseguren las puertas, y busquen una película que quieran ver. Si viven en una ocupada ciudad donde en las noches hay que hacer filas para ver las mejores películas, puedes probablemente evitar la muchedumbre yendo a una matinée. ¡Cuando salgas del cine, el sol todavía estará afuera! Eso te dará tiempo suficiente en el día, para buscar otra forma de decir «te amo».

Alquila una película. Si tienes un VCR en tu casa, ve al club de video y alquila una película que a ambos les encante. Camino a casa, compren rosetas de maíz y algo para beber. Relájense en casa donde están más cómodos.

Vayan a ver una vieja película. En algunas ciudades existen teatros que muestran películas viejas. Si nunca has visto algunos de los clásicos como «Casablanca», «Lo que el viento se llevó» o «Los treinta y nueve pasos», ve a ver una de estas con la persona que amas.

Vayan a un viejo teatro. Aunque la mayoría de nosotros ya nos acostumbramos al sistema estéreo, las sillas confortables y el aire acondicionado de los cines modernos, existe algo nostálgico acerca de encontrar el más antiguo cine de tu área y ver una película en él.

Ten tu propio festival de cine. Selecciona algunos filmes clásicos que ahora aparecen en video y míralos durante una noche o un fin de semana con personas que compartan tu amor por los hermanos Marx, W.C. Fields o Marilyn Monroe. Tu biblioteca pública puede ser que tenga estos filmes para prestar.

44 ♥ Payasadas

Zapatos chistosos usa
Ponte una peluca, pinta tu nariz
Busca un payaso y alquílale sus ropas
No dejes que sepan que se trata de ti.

La idea: Haz algo chistoso que conduzca a la risa, para agarrar a la persona que amas fuera de guardia. En un día ordinario, vístete como payaso y junta unos cuantos globos que tengan las palabras «te amo».

Disfrazado con tu atavío festivo, entra en el lugar donde trabaja la persona que amas (o algún otro lugar donde él o ella esté) y presenta los globos con una carta firmada por ti. Si tu disfraz es bueno, la persona que amas pensará que contrataste a alguien para entregar los globos. Cuando él o ella sepa quien es el payaso, la sorpresa será doblemente divertida.

Prepárate con anticipación: Esta idea tomará un poco de planeamiento porque deberás acordar alquilar, pedir prestado, o hacer un traje de payaso, comprar el maquillaje, y averiguar cuándo y dónde harás la sorpresa. Podría ser buena idea si le notificas al jefe de la persona que amas, si es que planeas entregar los globos durante un día de trabajo.

Otras ideas para disfraces. Si un payaso no es tu estilo, dirígete a una tienda de disfraces y da una mirada. Podrías tambien considerar uno de los siguientes:

- Alquila un traje de *gorila* y lleva bananas que digan «te amo».
- Vístete del *conejo de pascua* y lleva una cesta propia de esta época.
- Vístete de *Santa Claus* y lleva algunos regalos.
- Vístete con ropa *hawaiana* y entrega guirnaldas de flores.

45

♥ Luces, cámara, acción

*Aunque no trabajes para Disney o
para la Century Fox
Algún día podrá ser que tu estrella veas
En una esquina de Hollywood
Actuando en el video que dirigiendo estás.*

La idea: Las películas caseras han mejorado mucho. En los años sesenta teníamos que aguardar semanas o meses y esperar que papá usara todo el rollo, hacer que lo revelaran, alquilar un proyector, y luego encontrar una pared lo suficientemente grande y blanca para hacer de pantalla. Entonces, veríamos un filme todo rasgado mostrando personas irreconocibles.

Hoy día puedes usar una cámara de video casera, grabar un evento, y luego conectarla en la casa para que todos los presentes puedan verse y oírse. Ahora puedes mostrarle tu cariño a esa persona que tanto amas filmando secretamente un video en el que intervengan todas las personas amadas de su vida.

Consigue el equipo: Aunque las cámaras de video se estan convirtiendo en una posesión quizás tan popular como los hornos microondas, muchas personas todavía no tienen una. Si no tienes un amigo que te preste una, puedes alquilarla en una tienda de cámaras.

Prepara tu producción: Trata de mantener tu proyecto

de video divertido, con significado, y memorable para todos los involucrados. En cada una de las ideas enumeradas más abajo tú tienes la opción de preparar un libreto detallado o simplemente añadir improvisación a todo el programa.

Pide a los amigos más cercanos que sean las «estrellas» de tu producción. Por cuanto tu video debe ser una sorpresa, pídele a alguien que se vista como la persona que amas, y hazlo resaltar como presentador o conductor.

Selecciona el formato: A continuación algunas sugerencias para formatos a considerarse. Puedes incluir algunas ideas propias.

«Un día en la vida de   ». Narración por el operador de la cámara: «Conozcan a   . Aquí sale de la puerta del frente de su adorable hogar. Esta es su esposa. Juntos han traído al mundo cuatro preciosos hijos que podemos ver jugar fútbol en el jardín frontal».

Crea un programa de noticias nocturno. Ensambla un set simplificado utilizando una mesa y un lienzo colgante atrás. Pídele a algunas de las personas del elenco, que sean locutores de noticias. Reporta las últimas noticias acerca del trabajo, la familia y los amigos de la persona que amas.

Produce una serie de comerciales de televisión. Esta puede ser la idea más fácil. Toma una foto de la persona que amas y colócala en frente un envase viejo de mayonesa. Pídele a tres amigos que, con el envase en la mano, expliquen porqué recomendarían a la persona que tú amas a otras personas. Ellos podrán decir, «Es el mejor amigo que he tenido». «Me anima cuando estoy triste». «Es el compañero de trabajo más listo que nos ayuda en nuestra oficina». «Recomendaría este producto para cualquiera que esté buscando un amigo».

46 ♥ Un amigo en necesidad

Cuando ayudes a alguien que solo está
O a alguien con su corazón entristecido
Trae a tu otra mitad
Para que la tristeza sea mejor compartida.

La idea: De algún modo cuando hacemos cosas para otras personas como un acto de amor, recibimos aún más en retorno. ¿Alguna vez tú y la persona que amas han pasado tiempo con una persona hambrienta? ¿Alguna vez tú has visitado a alguien solitario en una prisión? ¿Por qué no multiplicas el amor en sus propios corazones compartiéndolo con alguien que no se sienta amado por nadie?

Selecciona la persona en necesidad: Encontrar a alguien a quien servir no debe ser difícil. Existen cientos de formas en que puedes ayudar a una persona que sufre. Hemos hecho una lista de unas cuantas ideas para comenzar.

Los que no tienen hogar. Existen miles de hombres, mujeres y niños sin hogar en América. No todas están enfermas mentalmente o son alcohólicos. Muchas son personas como tú y como yo que han caído en situaciones muy duras. Llama a la misión de rescate de tu localidad o a la Unión Internacional de Misiones del Evangelio en Kansas City, Missouri, para ver como puedes ayudar.

Los solitarios. Aun sin llamar a una organización de servicio de tu localidad puedas pensar en un amigo, alguien del trabajo, o un miembro de tu iglesia que apreciaría tu compañía. Invítalo a cenar en casa. Llévalo al cine contigo. Siéntate y escucha a la persona hablar. Tu presencia puede hacer que su día parezca más brillante.

El encarcelado. Existen muchas organizaciones tales como *Confraternidad de la prisión* (Prison Fellowship) que buscan personas que visiten y asistan a los que están presos. Busca en qué puedes ayudar.

Los niños. Considera patrocinar a un niño en una nación pobre a través de *Visión Mundial.* Juntos, tú y la persona que amas, pueden escribir cartas de aliento y amistad a una pequeña persona que probablemente nunca conocerás. También puedes inscribirte para participar en un programa *Hermano/hermana mayor* y ayudar a un niño en tu propio pueblo.

47 ♥ La ventaja de la publicidad

Crea tú mismo
una campaña publicitaria
Ahora mismo
que más da
Quizás tan bien lo hagas
Que hasta te puedan contratar
Para que a quien te paga
Enseñes a trabajar.

La idea: ¿Crear una campaña publicitaria? No será necesario que crees una copia para mostrarla en la avenida Madison o un jingle famoso. Sólo utiliza los medios que están alrededor de ti diariamente para crear una campaña que haga efectivo el lema, «Carolyn te ama».

Puedes hacer que tu campaña dure un día, una semana o un mes completo. Para simplificar las cosas puede ser que quieras utilizar durante el año una o dos de las ideas que sugerimos más abajo.

Publica tu amor: Intenta estas simples sugerencias.

Método de publicidad	*Tu campaña*
Letrero	Párate en una esquina por donde sepas que la persona que amas pasará en su auto y sostén un gran letrero que muestre tu

lema, (ROB) AMA A (DINA). Camina un paso más allá y pídele a algunas personas que hagan esto en algunas esquinas a lo largo de la ruta de la casa al trabajo de la persona que amas. Haz tu propia calcomanía para la defensa del auto que diga, «(SALLY) AMA A (STEVE)».

Radio

Si no puedes crear tu propio comercial radial, llama a una estación de radio y pídeles una canción para la persona que amas. Escoge una canción especial y pídele al *disc jokey* que diga algo parecido a, «Esta canción está dedicada a una pareja muy especial en San Pedro. Rob quiere que Dina sepa cuánto la ama».

Televisión

Corta un pedazo de papel del tamaño de la pantalla de la televisión. Escribe sobre él en letras grandes y oscuras, «te amo». También podrías pegar un foto de los dos en el papel. Luego lo pegas en la pantalla a la televisión.

Correo directo

La publicidad por medio del correo directo incluye las cartas que recibes diariamente de agentes que ni siquiera conoces. Simplemente toma un sobre y haz que se vea como el correo directo personalizado que recibes.
Adentro simplemente escribe las palabras: Yo amo a (Tom).

Anuncios en
revistas
    Cómprale un ejemplar de su revista favorita. Sobre una de los anuncios existentes de página completa, pega una hoja de papel que contenga simplemente las palabras de tu campaña, «te amo».

Anuncios
periodísticos
    Publica tu propio anuncio en el periódico local, donde digas cuanto te preocupas por él o ella.

Quizás puedas pensar en más ideas al ser bombardeado diariamente por tanta publicidad. Puedes alterar las ideas anteriores para homenajear a un hijo o a una hija o para felicitar a un colega por un trabajo bien hecho.

48 ♥ Adviento seguro

Durante el mes de diciembre
Crea más gozo cada día
Haz que sea un mes que todos recuerden
Con un calendario hecho a tu manera

La idea: Muchas de las más divertidas actividades de la niñez, tales como tener un calendario de Adviento en la Navidad, las olvidamos cuando llegamos a la adultez. Probablemente la mayoría de nosotros no compramos este tipo de calendarios a menos que hayan chicos en la casa. Esta idea te permite crear un calendario especial para la persona que amas.

Crea tu calendario especial: Como queremos mantener este proyecto lo más simple posible, sugerimos que comiences comprando un calendario de Adviento. Puedes comprar uno por casi nada después que pase la Navidad.

La mayoría de estos calendarios son creados pegando dos hojas de papel. La página frontal de un papel un poco más grueso contiene las ventanas que luego se abren. El papel más fino de atrás tiene los dibujos colocados de modo que se vean a través de las ventanas.

Cuidadosamente despega la página posterior. Luego, en cada lugar donde encuentres un dibujo, coloca un mensaje o una foto especial que alegrará a la persona que amas según abra cada ventana durante el mes. Si no puedes despegar la hoja posterior, abre cada ventana y pega tu objeto sobre el dibujo existente. Cierra las ventanas y séllalas con un pedacito de cinta adhesiva.

Selecciona artículos para tus ventanas: A continuación algunas ideas para las ventanas de tu calendario.

- Fotos tuyas y de la persona que amas.
- Fotos de los niños o de amigos mutuos.
- Instrucciones que podrán decir, «Mira debajo de tu cama» (esconde un regalo en ese lugar).
- Mensajes de una o dos palabras que tengan mucho valor para ambos.

49 ♥ As de la cámara

Fotos de tu pasado usarás
Y comentarios les añadirás
Regala recuerdos que perdurarán
Hasta cuando la memoria ya empiece
a fallar.

La idea: Existen muchas maneras en las que puedes usar fotos para decir «Te amo». Los nietos viven regalándolas a sus abuelos todo el tiempo. Nos retratamos cuando nos graduamos de la escuela, cuando nos casamos, y cuando nace nuestro primer bebé. ¿Por qué entonces no utilizar la sentimentalidad celuloide para tu mejor provecho? A continuación algunas ideas:

Crea un album de recortes del tiempo que llevan juntos. Rastrea tu relación con la persona que amas al tiempo en que esta comenzó. Si amas a esa persona desde hace ya un tiempo, probablemente hayas coleccionado algunas fotos a través de los meses o los años. Toma esas fotos, pónlas en un album de recortes y escribe comentarios para cada una de ellas, que sean sentimentales y chistosos. Muéstrale el album de recortes a la persona que amas y véanlo juntos.

Crea un album de recortes de tu niñez o de la de tu amado. Busca las fotos de cuando eras un bebé o las de la persona que amas y haz un album de recortes. Escribe comentarios como, «Aquí, a los nueve años, tienes puestos los zapatos de tacón de tu mamá. ¡Te veías bella entonces, como te ves bella ahora!» O, «Jeff cuando tenía doce años. Era tan alto que el entrenador le pidió que pusiera mallas nuevas a los canastos de baloncesto. ¡Buenas piernas!»

Manda a hacer un poster. Toma una de tus fotos preferidas de los dos y agrándala como un poster con un mensaje como, «Scott ama a Jenny».

Tómense una foto. Si tu presupuesto puede con el gasto, vayan los dos a hacerse una buena foto. O entrégale un certificado que sirva para que la persona que amas se haga una foto.

Enmarquen sus fotos favoritas. Si la persona que amas tiene algunas fotos favoritas tuyas o de otras personas que también ame, trata de enmarcar algunas de ellas y regálaselas de sorpresa.

Envíenlas. Si sus padres, hijos, abuelos, u otras personas queridas viven en varias partes del país o del mundo, envíenles diariamente fotos de los dos y de las personas cercanas a ustedes. Háganlos sentir que son parte de las actividades y cambios en sus vidas.

50 ♥ Tra, la, la, la, la, la, la, la, la

Castañas asándose en una fogata
Compra antes de que las tiendas estén
cerradas
Canciones alegres eleva con los que
admiras
Y bellos regalos a montón entrega.

La idea: ¡Oh! Navidad. Qué mejor estación del año para decir «te amo». Al lado del obvio método tradicional de hacer regalos, sugerimos otras actividades para hacer que la próxima Navidad sea llena de amor para las personas importantes de tu vida.

A continuación algunas maneras de decir «te amo» para los de tu familia o para otros que sean especialmente cercanos.

- Promete hacer la mayoría de las compras de Navidad este año que inicia.
- Ofrécete a envolver los regalos.
- Llévalos a ver las luces de Navidad de la ciudad.
- Prepara la cena de Navidad.
- Si tu bolsillo lo permite, gasta un poco más de dinero este año en ellos.
- Invita a amigos cercanos a cantar villancicos de Navidad.

- Pasa la noche en casa asando castañas o haciendo explotar palomitas de maíz en la chimenea.
- Hagan un hombre de nieve juntos.
- Si estás lejos de casa, sorprende a las personas queridas con una visita.

Comparte con alguna otra familia: Estas Navidades el amor dentro de tu propia familia puede ser multiplicado muchas veces si haces de este un año especial para familias menos afortunadas. Llama a la oficina de servicio social de tu localidad o a una iglesia para buscar el nombre de una familia que necesite ayuda. Aquí tenemos algunas ideas de lo que puedes hacer por ellos:

- Averigua las edades de los niños y cómprales a cada uno un regalo apropiado.
- Sorpréndelos una noche con un árbol de Navidad y muchos adornos.
- Invítalos a cenar junto a tu familia para la cena de Navidad.
- Las acciones más apropiadas quizás sean las que se hacen anónimamente, como donar un pavo para la cena de Navidad de la familia.

51 ♥ ¡Sólo dilo!

Has visto tantas nuevas maneras
Pero sabes que aquí no acabo
Así es que todos los días practica
Diciendo las palabras «te amo».

La idea: No podemos ponerlo más simple que el título de esta sugerencia. ¡Sólo dilo! Te hemos mostrado algunas astutas formas de dedicar tiempo con las personas que amas, expresar tus sentimientos a ellos, y divertirte muchísimo en el proceso. Durante cada día todos necesitamos otra afirmación de que alguien nos ama.

A continuación algunas actividades diarias y simples que puedes llevar a cabo para animar y recordarle a los que están alrededor tuyo que son amados.

- Haz regalos simples y baratos en días inesperados.
- Baila con la persona que amas en la sala de tu casa.
- Dile a las personas que amas que estás agradecido de su amistad.
- Envíales un fax diciéndole «te amo».
- Ora junto a ellos.
- Di cuando sea necesario, «Lo siento», «Me equivoqué» o «Perdóname por favor».
- Envíales una tarjeta sin una razón específica.

- Salúdalos con una sonrisa y un abrazo cada día.
- Escríbele una carta de amor a alguien especial.
- Cómprales una mascota.
- Consuélalos cuando lloren.
- Quédate en casa con la persona que amas una noche extra en la semana.
- Aprende a decir «te amo» en el lenguaje por señas.
- Camina, pon tus brazos alrededor de alguien que amas y dile, «te amo».

52 ♥ Tu turno

Ya que viste las cincuenta y uno
Juntos completaremos cincuenta y dos
Piensa en las formas que te has divertido
Diciendo «te quiero» a todos tus amigos.

La idea: Mientras has estado leyendo este libro quizás se te hayan ocurrido algunas ideas propias. Durante todo el libro quizás estés diciéndote a ti mismo, «Caramba, estos tipos ni siquiera incluyeron la idea que realmente me dio resultado. Recuerdo cuando. . . »

Devánate los sesos: Dedica algo de tiempo pensando en las actividades que has hecho en el pasado que realmente haya comunicado a las personas de tu vida cuánto les amas. O piensa en ese amigo tuyo que siempre se acerca con ideas románticas. ¿Qué será lo que él o ella va a intentar?

Confecciona una lista con tus propias ideas. Ahórralas para un día lluvioso. Quién sabe, quizás tengas suficientes para toda la vida.

Envía tus ideas. Si has pensado en otras formas simples de decir «te amo», envíalas a:

Formas simples de decir «te amo»
c/o Carl Dreizler
P.O. Box 4788
Laguna Beach, CA 92652

Quizás tu idea se imprima algún día —lo que nos recuerda otra forma de decir «te amo». Comparte tus ideas con otros de modo que ellos también aprendan más formas aún de decir «te amo».

♥ Conclusión

Lo que hemos tratado de hacer en este libro es crear más formas de traer amor a un mundo muchas veces poco amoroso. Esperamos que utilices nuestras ideas para decirle a todas las personas especiales de tu vida cuánto ellas significan para ti.

La Madre Teresa pertinentemente ha dicho que en América las personas morían (espiritualmente) de hambre emocional. Nosotros los americanos tenemos los recursos para terminar con esta hambruna emocional. Dos cortas palabras dichas sinceramente tienen el poder de satisfacer nuestra ansiedad. Esas dos palabras son «te amo».

52 MANERAS